아름다운 나눔수업

# 아름다운 나눔수업

전성실 지음

자아존중감과 소통의 리더십을 키워주는 나눔교육 이야기

착한책가게

추천사

## 나눔은 희생이 아니라
## 값진 마음을 얻는 마법입니다

　아이들에게 물려주어야 할 것은 돈이 아니라 주변 사람들과 함께 나누는 습관입니다. 성공하는 사람들의 아름다운 습관 가운데 하나가 바로 이 '나눔'의 생활화입니다. 나눔은 우리 세상에서 기본적인 가치이자 생활 습관이어야 합니다. 그 까닭은 사회에서 성공한 사람은 기본적으로 그 사회의 자원을 이용할 수밖에 없기 때문입니다. 아무리 뛰어난 사람이라도 기존의 자원과 어떠한 수단도 이용하지 않고 혼자 힘으로 이 세상에서 성공을 이룰 수는 없는 일입니다.
　나눔이나 기부라는 것이 사실 하다 보면 늘 자기 것을 남에게 주니까 손해라고 생각들을 합니다. 자기를 희생한다는 것은 정말 고통스러운 일이야, 이렇게 생각을 많이 하고요. 하지만 막상 나누다 보면 생각이 달라집니다. 분명히 자기 손에서 자기 지갑에서 돈이 나가고 자기 시간을 뺏기는 일이지만, 결과로 보면 자기가 얻는 것이 훨씬 더 많아지거든요. 저는 이것이 나눔의 마법이라 생각하는데, 참

희한한 산수입니다. 이건 제가 아무리 설명을 해도 납득시켜드릴 수 없고요, 정말로 나눔을 한번 실천해보시기 바랍니다.

좋은 일을 하는 것도 굉장한 용기가 있어야 합니다. 어느 날 갑자기 좋은 일을 하겠다고 마음먹는다고 해서 실천이 되는 게 아닙니다. 어린 시절부터 이웃과 함께 친구와 함께 나누고 고통을 함께하는 노력이 필요한데, 우리나라의 경우에는 '부자 아빠 되기'라든지 어떻게 돈을 잘 벌 것인가 하는 것에만 큰 관심을 갖고 많이 가르칩니다. 생활 속에서 함께 나누는 삶에 대해서는 제대로 가르치지 않는 경향이 있습니다. 그래서 저는 제도 교육과 사회 교육을 통해서, 언론을 통해서, 그리고 모금기관을 통해서 사회공동체에 어떻게 기여하고 함께 살아갈 수 있는가를 가르치고 훈련하는 일이 필요하다고 생각합니다.

평소 학교와 가정에서 이러한 아름다운 교육이 이루어질 수 있다면 얼마나 좋을까 하는 생각을 많이 해왔습니다. 그 바람이 이 책의 저자인 전성실 선생님 같은 분을 통해서 조금씩 이루어지고 있으며, 그저 헛된 꿈만이 아니라는 확신이 듭니다. 나눔을 교육하는 선생님들이 점점 많아지고, 그 선생님들에게 배우는 학생들과 어른들이 많아지고 있다는 사실에 가슴이 뿌듯합니다.

이 책이 우리 아이들 가슴 속에 아름다운 싹을 틔우는 밑거름이 되기를 소망합니다. 많은 선생님들과 부모님들께 읽히기를, 그래서 우리 사회에 나눔의 문화가 아름답게 꽃피우길 진심으로 기원합니다.

박원순(서울시장)

추천사

## 나누면 비워지는 것이 아니라
## 채워집니다

　언젠가부터 자신이 가진 것을 남과 나누어야 한다는 것이 이 경쟁사회에서 자신의 것을 지키지 못하는 것으로 인식되는 분위기가 생겨났습니다. 사실 나눈다는 것은 인간에게는 너무도 자연스러운 행동입니다. 인간의 정서와 공감능력을 연구하는 심리학자들에 따르면, 태어난 지 얼마 되지 않은 아기들도 다른 아기의 울음소리에 고통스러운 표정을 짓는 모습을 보인다고 합니다. 그리고 조금 더 자라서 또래가 울고 있는 모습을 보면, 자신이 아끼던 장난감을 주면서 달래거나 엄마에게 우는 아이를 달래주라는 몸짓을 보인다고 합니다.
　이런 아이들이 어느 순간부터 나눈다는 것을 어색하게 생각하게 되고, 손익계산을 하게 됩니다. 타고난 나눔 본성을 잃게 되는 것은 무엇 때문일까요? 내 것을 지키고, 심지어 남의 것도 내 것으로 해야 한다고 누가 학습시키는 것일까요?
　무한경쟁시대, 적자생존시대라는 말이 언제부턴가 우리에게 익숙해지면서 나누는 마음과 행동보다는 다른 사람을 제치고 이겨야만 능력이 있는 것이고 인정받을 수 있다는 풍토가 퍼지고 있습니다. 그리고 능력을 갖추고 인정을 받아 부를 얻고 명예를 가진 다음에야 남에게 베푸는 여유가 생긴다고 생각하고 있습니다.

과거 우리나라가 경제적으로 훨씬 더 궁핍하고 어려웠던 시절에는 굳이 강조하지 않아도 모두가 나누는 것이 자연스러웠습니다. 좋은 일이 생기면 대단한 음식이 아니어도 이웃과 나누며 같이 기뻐했고, 집안에 불상사가 생기면 도움의 손을 더해 슬픔을 나누었습니다. 물질이든 감정이든 같이 공유하여 나눔의 즐거움을 누릴 수 있었습니다. 인성교육이라는 거창한 말을 붙이지 않더라도, 우리는 배려와 공감을 배우고 도덕성을 키워나갈 수 있는 터전을 마련했던 것입니다.

요즘 아이들에게 진정 필요한 것은 이와 같은 나눔의 기쁨이 아닐까 생각합니다. 내가 두 개를 가진 다음에 그 중의 일부를 남에게 떼어주는 것이 아니라, 누구나 무엇이든 다른 사람과 함께하면서 자신이 더욱 기쁨을 느끼고 더욱 성장할 수 있다는 사실을 깨닫게 되는 것 말입니다.

이 책은 그러한 나눔의 가치와 나눔교육의 중요성을 잘 담고 있습니다. 나눈다는 것에 대한 우리의 오해를 바로잡고, 나눔이 교육의 핵심이어야 한다는 깨달음을 주고 있습니다. 이 책이 더욱 빛나는 점은 단지 나눔교육의 중요성을 주장하고 구호처럼 외치는 것이 아니라, 실제 학교 현장에서 적용해보면서 나눔을 통한 아이들의 성장과정을 생생하게 전달해준다는 데 있습니다. 또한 학교나 가정에서 아이들의 도덕성을 높여주고 성숙하게 이끌고 싶은 부모와 선생님이 활용할 수 있는 활동이 포함되어 있어 구체적인 지침이 된다는 장점이 돋보입니다.

나눔이 남을 위해서 자신의 것을 비우는 것이 아니라 오히려 자신을 더욱 풍부하게 채우는 일이라는 점을 배울 수 있는 책입니다.

문용린(서울대 교육학과 교수)

### 추천사

전성실 선생님은 '교육활동가' 혹은 '나눔전도사'라는 명칭이 더 어울리는 분입니다. 우리나라에 '나눔교육'이라는 말이 생소하던 시절부터 아름다운재단과 함께 '나눔교육 교사연구회'라는 이름으로 교실 안 나눔교육 콘텐츠 개발에 열정을 다하셨습니다. 《아름다운 나눔수업》은 교실에서 아이들과 함께 생활하며 몸소 느꼈던 교육내용을 바탕으로 했기 때문에 학교 현장에서 '나눔교육'을 실천하고자 하는 교사에게 친절한 나눔교육 입문서가 될 것입니다. 뿐만 아니라 가정에서 아이들과 함께 나눔을 생활화하고자 하는 부모들에게도 친절한 안내서가 될 것입니다. 이 책을 통해 건강한 나눔의 습관과 가치관이 형성되는 아이들이 많아지길 기대합니다.

- 임주현(아름다운재단 간사)

"왜 얼굴도 모르는 아프리카 친구를 도와줘야 하나요?" 유니세프에서 일하면서 종종 듣는 질문입니다. 모든 나라 어린이들은 똑같이 소중하답니다. 피부색, 국적, 언어, 성별 등에 상관없이요. 불쌍하니까 도와주는 것이 아니랍니다. 내 친구가 힘들 때 옆에서 위로해주는 그 마음과 같아요. 다른 나라 친구가 곤경에 처했으니 '나눔'을 통해 함께 이겨내자는 것이지요. 전성실 선생님은 나눔에 대한 제 생각에 확신을 주셨답니다. 더욱 보람차게 유니세프에서 일할 수 있게 되었지요. 이 책을 통하여 더 많은 사람들이 알게 되길 바랍니다. 우리 아이들이 멋진 '세계시민'으로 자라기 위해 '나눔'은 꼭 필요한 산소와도 같다는 것을요.

- 최지민(유니세프 한국위원회 교육문화국)

이제는 나눔도 배우고 익혀야 하는 가치가 되었습니다. 생활 속에서 자연스럽게 배우고 익혀온 나눔이 지금의 어린이들에게는 좀 생소한 가치가 되어버려서이지요. 어릴 때부터 나눔을 생각하고 또 실천하며 몸으로 익혀 습관이 되도록 해야 합니다.
이 책에는 오랜 시간 동안 학교와 나눔이 필요한 다양한 현장에서 어린이들과 나눔교육을 해온 한 교사의 경험이 고스란히 담겨 있습니다. 과거에 어른들이 함께 삶을 나누었던 공동체의 기억을 미래의 아이들에게 고스란히 전수하기 위해 이 책은 좋은 지침서가 될 것입니다.

- 신은희(서초구자원봉사센터 간사)

돈을 더 벌면…… 내가 좀 살 만해야…… 나 쓸 것도 없는데…….
이렇게 생각하는 당신에게 전성실 선생님이 드리는 선물!
아하~ 이런 것도 나눔이구나! 나눔을 이렇게 가르칠 수도 있구나!
당신은 이미 나눌 만큼 충분히 가졌습니다. 나누면서 더 풍요로워집시다.
― 나여훈(서울우면초 교사)

나눔은 가르치고 배우는 교육방법의 하나가 아닙니다.
나눔은 사람 사이의 소통이며 협력이고, 생활 자체입니다.
전성실 선생님은 그동안 경험한 생생한 사례를 바탕으로 나눔의 철학을 한정된 지면에 잘 녹여내고 있습니다. 맞춤한 시기에 꼼꼼하게 잘 만든 책입니다.
― 함영기(교컴 대표, 교육학 박사)

나눔이라는 것이 여유 있는 사람만이 할 수 있는 특별한 실천이 아니라, 누구라도 할 수 있는 보편적인 실천이라는 걸 일깨워주는 행복지침서.
― 강내영(지역 퍼실리테이터, 관악주민연대 운영위원)

어릴 적에 학교에서 친구들과 놀다 사소한 일로 싸우게 된 뒤, 먼저 '미안해'라고 말을 건네기가 얼마나 어렵던지요. 어른이 되어서도 여전히 어렵습니다. 그런데 '나눔' 안에 그 비밀이 숨어 있습니다. 미안하다는 말 한마디 속에 너와 내가 모두 기분이 풀리고 웃을 수 있다면 이미 마음을 나누고 눈길을 나눈 것이겠지요.
이 책은 세상의 많은 나눔 이야기를 아주 쉽고 자연스럽게 풀어내고 있습니다. 학교 현장에서 경험한 사례여서 더욱 가깝고 의미 있게 다가옵니다. 나의 작은 행동 하나, 말투, 눈빛, 표정, 모두 나눌 수 있답니다. 저는 오늘 더 많이 나눌 것입니다.
― 이영주(홈플러스 나눔가치교실 담당)

나눔은 얼마 안 되는 내가 가진 것을 쪼개서 남에게 주는 것, 나를 희생해서 남에게 양보하는 것. 이처럼 나눔 그 자체가 부담스럽게 느껴졌습니다.
그러나 이 책은 이 모든 생각을 바꾸게 만들어주더군요. 아이를 키우는 부모로서 내 아이가 나눔에 인색한 어린이로 크지 않기를 바라는 마음, 모든 부모의 바람입니다. 나눔은 작은 행동, 눈빛, 미소, 말투에서 시작됩니다. 모든 초등학교 부모들에게 이 책을 권하고 싶습니다.
― 임성희(동광초 나선우 · 나선진 학생 어머니)

# 차례

**추천사**
**머리말** 나눔은 미래의 희망입니다

## 1장 나눔은 소통하는 것입니다
1. 나눔은 주는 것 • 024 | 2. 나눔은 주고받는 것 • 029 | 3. 나눔은 소통하는 것 • 033

## 2장 세상에 나눌 수 없는 것은 없어요
1. 돈 • 038 | 2. 재능 • 044 | 3. 시간 • 048 | 4. 지식 • 050
5. 가치 • 056 | 6. 마음 • 059 | 7. 지구 • 064

## 3장 나눔은 어렵지 않아요
1. 얼굴나눔 • 068 | 2. 검은툭눈금붕어 • 073
3. 나눔 가치사전 • 077 | 4. 우리가 할 수 있는 것 • 085

## 4장 나부터 행복해야 나눌 수 있어요
1. 친구 얼굴 그리기 • 095 | 2. 실수 데이 • 100
3. 백만 가지 감자이야기 • 104 | 4. 뚱뚱이와 홀쭉이 • 110

## 5장 서로를 이해해야 나눌 수 있어요

1. 나눔 그리기 • 116 | 2. 베개친구 • 122 | 3. 친구책 만들기 • 129
4. 화해전문가 • 138 | 5. 소통 게임 • 142

## 6장 누구나 작은 것부터 나눌 수 있어요

1. 나눔연대기 • 150 | 2. 띠앗놀이 • 161 | 3. 지식시장 • 166
4. 나눔에 필요한 시간 • 169 | 5. 장애인의 날 • 174
6. 재능나눔장터 • 178 | 7. 나만의 백과사전 • 181 | 8. 방학 1% 나눔 • 184

## 7장 모두가 행복해야 진짜 행복이에요

1. '빼빼로 데이' 대 '농업인의 날' • 192 | 2. 어릴 적 내 꿈은 사과장수 • 196
3. 기부촌지 • 199 | 4. 나눔장터 • 202 | 5. 1,000원의 기적 • 208
6. 기부 게임 • 212 | 7. 나눔텃밭 • 217

## 8장 마무리도 나눌 수 있어요

1. 나눔잔치 • 222 | 2. 나눔상장 • 224 | 3. 나눔에 대한 새로운 상상 • 226

## 9장 나눔교육의 실제

1. 나눔을 통한 학급경영 • 232 | 2. 나눔교육을 위한 교육과정 • 238
3. 나눔교육 활용 가이드 • 241

▣ **나눔교육에 도움이 될 만한 책** • 268

머리말

## 나눔은 미래의 희망입니다

　제가 어렸을 때 외할머니는 언제나 저의 지지자였습니다. 그리 잘나지도 않고 뛰어난 손자도 아니었는데 외할머니는 항상 "우리 손주, 우리 손주." 하시며 저를 믿어주셨습니다. 전라북도 부안의 외진 시골마을에서 사시던 외할머니는 바리바리 먹을 걸 짊어지고 버스를 몇 번이나 갈아타고 서울 우리 집에 오셨고, 늘 짐도 내려놓기 전에 제 손을 꼭 잡고 어루만지면서 반가워하셨습니다. 그때는 제 손을 잡아주시던 할머니의 손이 거칠고 투박해서 슬쩍 빼곤 했습니다.
　지금에서야 제 손을 잡아주시던 할머니의 투박한 손이 제게 얼마나 커다란 의미를 지닌 손이었는지 조금은 알 것 같습니다. 할머니는 투박한 자신의 손을 통해 제게 정을 전해주셨습니다. 할머니의 손은 할머니의 존재를 의미하는 것이었습니다. 자신의 존재를 통해 제 존재를 확인시키면서 제가 소중한 존재라는 것을 느끼게 해주셨던 겁니다. 한 번도 그냥 지나치시는 법이 없었습니다. 언제나 저를 보시면 아무 말 없이 제 손을 꼭 잡아주셨습니다. 생각해보니 할머니뿐만 아니라 시골에 사시던 어른들은 제가 시골에 놀러 가면 예외 없이 그렇게 저를 반겨주시고 인정해주셨습니다.

살면서 누군가에게 인정받고 존재를 확인받는 경험은 매우 중요합니다. 요즘처럼 보고도 못 본 것처럼 그저 스쳐 지나가는 사람들이 많은 때에는 자기의 존재를 확인하기 힘들며 자연스럽게 자아존중감이 떨어질 수 있습니다. 자기의 존재를 무조건 인정해주고 보호해주던 가정이 점점 해체되어가고 있는 현대 산업사회에서는 믿고 의지할 곳이 없습니다. 게다가 자존감이 아직 완전히 형성되지 않은 아이들에게 현실은 더욱 가혹하기만 합니다. 해체된 가정의 아이들에게 그나마 믿고 의지할 곳은 학교밖에 없을 것입니다. 하지만 학교도 더는 아이들에게 그런 보금자리를 제공해주고 있지만은 않은 것 같습니다. 국가교육과정은 점점 세분화되면서 양이 많아지고 어려워지고 있습니다. 인성보다는 지식만을 전달하는 역할이 커져가는 것 같습니다. 따뜻했던 할머니의 손보다는 차가운 가르침의 손이 더 많이 요구되는 현실입니다. 그러다 보니 아이들의 자존감은 날이 갈수록 떨어지고 있으며 그런 아이들에게 학교도 더는 보호받을 수 있는 공간이 아니라는 생각이 많아지고 있습니다. 과연 아이들에게 언제까지 지식만을 전달해야 하는지 교사인 저도 알 수 없습니다. 따뜻한 감성도 인간적인 관계도 필요한데 말입니다.

그런 제게 하나의 희망이 되어준 것이 나눔교육입니다. 지식뿐만이 아니라 이 사회에 꼭 필요한 가치도 가르칠 수 있다는 희망을 가지게 된 것이죠. 처음엔 나눔이 뭔지는 잘 몰랐지만 나눔을 가르친다는 것 자체에 큰 호기심을 갖게 되었고, 아이들에게 한두 가지 적용해보면서 정말 나눔을 가르칠 수 있다는 사실에 놀랐습니다. 그리고 아이들이 조금씩 변하는 것을 보고 나눔은 꼭 가르쳐야 하는 것이라고 생각하게 되었습니다. 또한 아이들만 변하는 것이 아니라 제 자신도 사회를 바라보는 관점이 좀 더 폭넓어지는 것을 느끼면서 교사도 변하게 만드는 것이 나눔교육이라는 생각을 하게 되었습니다. 학교가 더는 아이들의 자존감을 무너뜨리는 곳이 아니라 아이들의 자존감을 살릴 수 있는 곳으로 변할 수도 있겠다는 희망을 갖게 되었습니다.

교실에서 아이들의 자존감이 살아나면 서로를 인정하는 분위기가 형성됩니다. 서로를 인정하는 분위기 속에서 아이들은 서로의 생각을 존중하게 되고 그런 존중을 바탕으로 소통이 이루어지게 됩니다. 그리고 소통이 이루어지면서 모두가 교실의 주인이 될 수 있다는 생각을 하게 됩니다. 교실의 주인이라는 생각을 하면서부터 교실 속에서 자신이 할 수 있는 것을 찾아서 하게 되고 그 과정에서 서로 간에 토론과 협의가 일어납니다. 나눔이 하나의 이벤트가 아니라 아이들의 삶 속으로 파고들어 가는 것입니다. 그렇기 때문에 나눔을 특별한 경우에 하는 것이 아니라 언제나 생활 속에서 자연스럽게 해야 하는 것입니다.

누가 나눌 수 있는지, 어떻게 나눌 수 있는지, 언제 나누어야 하는지, 얼마나 나누어야 하는지 등을 판별하려 하면 나눔이 어렵게만 느껴지지만, 그런 구별이 없어지면 나눔은 누구나 할 수 있는 쉬운 활동이 됩니다. 그러면서 누가 먼저랄 것이 없이 누구나 먼저 시작하게 됩니다. 요즘 아이들에게 부족하다고 하는 리더십이 자연스럽게 길러집니다. 별도로 시간을 내서 리더십을 가르칠 필요가 없습니다. 그저 생활 속에서 자연스럽게 활동할 수 있는 기회만 주면 됩니다. 지식만을 전달하는 교실에서는 일어나기 힘든 일일 것입니다.

이렇듯 나눔교육은 아이들의 낮아진 자존감을 높여주고, 높아진 자존감을 바탕으로 다른 사람을 인정하고 존중함으로써 소통이 일어나도록 하며, 생활 속에서 자연스럽게 나눌 수 있게 해주면서 리더십도 길러줍니다. 나눔교육은 그래서 시간이 날 때만 하는 것이 아니라 언제나 할 수 있어야 하고 해야만 하는 것입니다.

이 책은 크게 네 부분으로 나눕니다. 1, 2장에는 나눔에 대한 제 생각들을 담았습니다. 3, 4장에서는 나눔교육을 하기 전에 할 수 있는 활동을 정리했고, 5장부터 7장까지는 실제 나눔교육 활동을 나눔교육의 효과를 바탕으로 정리했습니다. 8장에는 나눔교육의 마무리를, 9장에서는 교실에서 1년 동안 어떤 활동들을 할지 정리했던 기록을 모아봤습니다.

1장에서는 제가 생각하는 나눔에 대한 정의를 나눴습니다. 나눔을 하기 전에 나눔에 대한 생각을 바로 세우지 않으면 올바른 나눔을 할 수 없습니다. 생각이 없는 어설픈 나눔은 나눔을 주는 사람이나 나눔을 받는 사람 모두에게 생각지도 않은 상처가 될 수 있습니다.

2장에서는 나눔의 종류를 나눴습니다. 세상에는 많은 나눔이 있는데 우리는 대부분 기부와 관련된 돈의 나눔만을 생각합니다. 좀 더 다양하고 쉽게 나눌 수 있으려면 나눔에는 다양한 방식이 있다는 것을 알아야 합니다. 그래서 제가 알고 있는 나눔들을 모두 모아서 정리했습니다.

3장에는 나눔을 정의할 수 있는 활동들을, 4장에는 나눔교육을 하기 전에 반드시 해야 하는 자존감 살리는 방법들을 정리했습니다. 본문에서도 이야기하겠지만 자존감이 떨어지는 아이들에게는 나눔교육이라는 것이 별로 와 닿지 않기 때문에 아무리 가르치려고 해도 되지 않습니다. 그렇기 때문에 반드시 나눔교육을 하기 전에 아이들의 자존감을 점검하고 떨어진 자존감을 살려줘야 합니다. 그 과정에서 교사 자신도 자존감이 회복될 수 있는 기회를 만들어야 합니다.

5장에서 7장까지는 나눔교육을 교실에서 어떻게 했는지를 자세하게 이야기했습니다. 나눔교육의 효과를 바탕으로 활동들을 구분하여 제시하고 있기 때문에 각 교실에서 필요한 부분들에 해당되는 활동을 알맞게 적용해볼 수 있을 것입니다. 5장에서는 주로 소통하는 방법들을 정리했고, 6장에서는 쉽게 할 수 있는 나눔활동들을 정리했습니다. 7장에서는 나눔을 통해 사회에 조금이라도 기여할 수 있는 활동들을 정리했습니다. 특히 나눔은 우리끼리 하고 끝나는 활동이 아니라 우리의 나눔활동을 통해 사회도 같이 변할 수 있다는 확신이 들게 하는 활동들을 정리했습니다. 작지만 작은 것들이 모여서 나중에 큰 흐름을 이룰 수 있다고 생각합니다. 8장은 나눔교육을 정리하는 활동들을 모아봤습니다.

9장은 나눔교육 과정을 모았습니다. 1년을 월별로 나눠서 계기교육과 함께한 2006년 나눔교육 과정을 비롯해, 1년 동안 단계별로 하고 있는 올해 나눔교육 계획까지 표로 만들어 정리했습니다. 아마 1년 단위로 나눔교육을 하려는 분들에게 도움이 될 것입니다. 아울러 복지관이나 복지단체 등에서 하고 있는 나눔교육에 도움이 될 만한 회차별 나눔교육 과정도 정리했습니다.

또한 각 장마다 부모들을 위한 가이드를 제시했습니다. 학교에서만 나눔교육을 하는 것은 한계가 있습니다. 집에서 부모님과 함께 해야 진정으로 생활 속의 나눔이 실현됩니다. 그런 나눔활동들을 집에서 어떻게 지도할 수 있는지 설명했습니다. 이 책을 이용해서 집에서도 나눔을 가르쳐보시기 바랍니다.

그동안 원고 쓴다고 주말도 없이 방에 숨어서 지내느라 챙기지 못한 성희, 혜리, 태규에게 미안하고 고맙습니다. 특히 네 살 된 늦둥이 가인아, 아빠가 많이 놀아주지 못해 미안해. 원고 쓰는 중간 중간에 원고를 읽고 조언을 해주신 아름다운재단 임주현 간사님, 나눔교육 교사연구회 신동석 선생님, 최서연 선생님, 이다혜 선생님, 성혜진 선생님도 감사합니다. 그리고 이 책의 틀을 잡아주시고 기획을 해주신 착한책가게 출판사 분들도 감사합니다.

마지막으로 멀리서 아빠를 응원하고 있는 다인이에게 이 책을 바칩니다.

2012년 4월

전성실

1장

⋮

나눔은 소통하는 것입니다

나눔교육은 2004년 아름다운재단의 나눔교육 교사연수를 기점으로 시작하게 되었습니다. 지금은 그리 낯선 단어가 아니지만 그 당시만 해도 나눔교육이란 말은 매우 생소한 단어였습니다. 나눔을 가르친다는 말 자체가 생소했던 것 같습니다. 말은 생소했지만 실은 이미 대부분의 학교에서 많은 선생님들이 알게 모르게 하고 있는 교육이기도 했습니다. 나눔교육이라는 이름으로 시작한 것은 아름다운재단에 의해서였지만 이미 나눔교육이라는 것은 행해지고 있던 교육이었습니다.

나눔교육에 대한 이야기를 하기에 앞서 먼저 나눔에 대한 정의를 생각해봐야 할 것입니다. 일반적으로 사람들은 나눔이란 내가 누군가에게 '주는 것(give)'이라 생각합니다. 하지만 내가 일방적으로 누군가에게 주는 것뿐만 아니라 상대와 함께 '나누는 것(sharing)'도 나눔이라 할 수 있습니다. 좀 더 넓게 생각하면 아무런 의미 없이 나누는 것이 아니라 '서로의 입장과 조건을 생각하면서 이뤄지는 것(communication)'도 나눔이라 할 수 있습니다. 일방적인 물질나눔은 상대에게 상처를 줄 수도 있고 필요치 않은 것을 나누게 될 수도 있습니다. 요즘 같은 디지털 시대에는 인터넷상에서 별 생각 없이 서로의 정보를 나누는 것도 나눔의 하나라 할 수 있습니다.

나눔이란 일종의 소통이라 볼 수 있습니다. 그래서 소통하는 법을 찾아가는 것을 나눔교육이라 할 수 있고, 소통이 이뤄지면 나눔이 이뤄진다고 볼 수도 있을 것입니다.

나눔이란 사람마다, 생각에 따라 여러 가지 뜻으로 정의됩니다. 또한 나눔이란 정해진 뜻이 있는 것이 아니기 때문에 여러 가지 활동을 통해서 자기 나름대로 나눔을 정의해볼 수도 있습니다.

나눔 01 교육

# 나눔은 주는 것

위 두 사진에 있는 물건은 무엇일까요?

2008년 5월 14일 저는 반 아이들에게 이런 말을 했습니다.

"내일은 스승의 날입니다. 스승의 날이라고 해서 선생님에게 줄 선물을 사오지 마세요. 선생님은 받지 않겠습니다. 정 선생님께 선물을 하고 싶은 사람은 만들어오세요. 만들어오는 선물은 받겠습니다."

스승의 날에 선물을 받지 않기 위해 해마다 반 아이들에게 이런 말을 합니다. 이렇게 이야기하지 않으면 아이들은 부모님이 사주신 선물을 하나씩 손에 들고 교실로 들어옵니다. 이것이 스승의 날에 나타나는 일반적인 모습이지요.

이튿날 스승의 날이 되어서 보니 정말로 아이들이 아무것도 가지고 오지 않았습니다. 아이들이 제 말을 잘 알아들은 것입니다. 작전 대성공입니다. 그런데 생각지도 못한 선물을 가져온 아이가 있었습니다. 선물을 만들어온 것입니다. 그것도 두 명이나요. 앞의 사진이 그 선물들입니다. 제가 만들어오는 선물은 받겠다고 했더니 둘 다 밤새 엄마랑 같이 만들었다고 합니다. 밤새 저를 생각하면서 만들었을 그 마음을 생각하니 어찌나 고맙던지요.

하지만 아이들이 제가 원하는 선물을 만들었을까요? 제가 원하는 선물을 만들 수 있었을까요? 아마도 그것은 불가능할 것입니다. 왜냐하면 저는 선물을 원하지 않았으니까요. 그저 아이들이 제게 주고 싶은 것을 만들었을 것입니다. 또는 자기가 만들 수 있는 것을 만들었을 것입니다.

나눔의 첫 번째 정의는 '주는 것'입니다. 자기가 가진 무엇인가를 다른 사람에게 주는 것입니다. 자기가 가진 것을 나누어 함께 쓴다는 것에 큰 의미가 있습니다. 하지만 자기가 가진 것을 주기 때문에 그것을 받은 사람이 좋을 수도 있지만 좋지 않을 수도 있습니다. 그리고 받을 사람이 원하는 것을 줄 수 없다는 한계가 있을 수 있습니다. 이 경우 가진 것이 없다고 생각한다면 나눌 것이 없다고 생각할 수도 있습니다. 그렇기 때문에 일방적인 나눔일 경우가 많습니다.

대표적인 예로 제가 몇 년 전에 아이들에게 보상을 주던 시절에 사용했던 교구를 한번 볼까요? 아이들에게 줄 선물을 적은 종이를 안에 넣고 점토로 감싸서 공처럼 만들어 통에 넣은 다음, 아이들이 돌려서 통 안의 공을 뽑도록 한 것입니다. 이때 아이들이 무엇을 뽑을지는 알 수가 없습니다. 왜냐하면 제가 무슨 선물을 줄 것인지 알려주지 않았기 때문입니다. 제가 일방적으로 주는 선물인 것입니다. 아이들이 무엇이 나올지 몰라 조마조마해하면서 뽑던 기억이 납니다. 그때는 그런 조마조마함을 아이들이 좋아할 것이라고 생각하며 했었는데 지금 생각해보면 너무나도 일방적인 활동이었습니다. 단순히 주고 끝나는 그런 나눔이라고 할 수 있으니까요.

나눔교육을 하면서 아이들이나 선생님들을 만날 때 가장 먼저 하는 질문이 있습니다.

"나눔이란 뭘까요?"

이 질문에 아이들은 대부분 이렇게 대답합니다.

"친구에게 사탕을 주는 것입니다."

"친구에게 공책을 빌려주는 것입니다."

"길 가다가 불쌍한 사람에게 돈을 주는 것입니다."

나눔이란 내가 가지고 있는 무언가를 다른 사람에게 주는 것이라고 대답합니다. 내가 가진 것을 나누어야 하기에 내가 나누어줄 무언가가 없으면 나눔은 할 수 없는 것이라고 생각합니다.

이런 생각이 머리에 깊이 뿌리박혀 있는 아이들이 있는데 바로 형편이 어려워 경제적 도움을 받는 아이들입니다. 지역에 있는 복지관이나 돌봄 센터에 나눔교육을 하러 가면 아이들의 첫 질문은 대개 수업을 잘 들으면 무얼 줄 거냐는 것입니다.

태어나서 지금까지 받는 것에만 익숙한 아이들이라서 누가 오든, 무엇을 배우든 간에 무엇을 받을 수 있을지에만 관심을 갖습니다. 대부분의 선생님들이 교육을 하러 오면 아이들과 수업을 잘하기 위해서 먹을 것이나 기념품을 준 모양입니다.

"선생님은 뭘 주러 온 게 아니라 여러분과 수업을 하러 온 거예요."라고 저는 딱 잘라 말합니다. 아이들은 아쉬운 한숨을 내쉬지만 그 뒤로 무엇을 달라는 말은 하지 않습니다.

한 시간 정도 나눔에 대한 교육을 마치고 나면 아이들은 조금 충격을 받습니다. 자신은 받는 사람이지 누군가에게 무엇을 줄 수 있다고 생각해본 적이 없는데 그것이 잘못된 생각이라는 것을 깨달은 것입니다.

'나도 누군가에게 무엇인가를 줄 수 있구나, 내가 가진 것이 없어도 누군가와 나눌 수 있구나.'라는 것을 알고는 무척 기뻐합니다.

경기도에 있는 '당동 청소년문화의 집'에서 중학생들을 대상으로 나눔교육을 한 적이 있습니다. 그곳에서 교육을 받고 난 뒤 한 중학생이 쓴 후기를 제게 메일로 보내왔습니다.

지금 나는 솔직히 놀랐다. 지금껏 불행하다며 불평불만을 했지만 현재 나보다 더 불행... 아니 힘든 아이들이 있고, 나보다 더욱 괴로운... 나보다 더 어린 아이들이 있었다는 게 최악의 당황이었다. 최소한이라도 나는 그 고통을 줄이기 위해서 최대한 힘을 쓰고, 최대한 내가 나누고 도움을 줄 수 있는 것들을 하고, 조그마한 행복도 감사하다고 말할 수 있도록 노력할 것이다. 내가 모든 일에 최선을 다하고 최고의 생각을 하는 내가 될 수 있도록 Salon에서 활동할 것이다.

- 2010년 '당동 청소년문화의 집'에서 나눔교육을 받은 어느 중학생의 후기

후기에서 보듯이, 형편이 어려운 아이들은 자신이 세상에서 가장 힘들고 불행하다고 생각합니다. 세상에서 가장 불행하기 때문에 자신은 당연히 받아야 하는 사람이지 주는 사람이라는 생각을 못 한 것입니다. 생각이 바뀌면서 아이들의 행동도 바뀌었다고 합니다. 나눔교육을 받은 아이들끼리 모여 동네에서 빈 병을 주워 팔아서 돈을 모아 기관에 기부를 한다고 합니다. 나눔교육을 받지 않았으면 생각지도 못했을 일들입니다.

나눔이란 주는 것이라고들 합니다. 하지만 무엇을 줄 수 있느냐고 물어보면 대부분 물질적인 것들을 생각합니다. 이렇게 생각하면 나눔은 정말 어렵습니다. 물질적인 것은 유한하기도 하고 값이나 질적인 수준에서 차이가 나기도 하니까요. 그리고 무엇보다 자기가 가진 것이 없으면 나눌 수가 없습니다. 자기에게 나눌 것이 없다고 생각하면 자기 자신이 너무 초라해지기도 합니다. 나눔은 어렵게 생각하면 한도 끝도 없습니다.

나눔 02 교육

# 나눔은 주고받는 것

일 년 동안 아이들을 가르치고 나서 아이들에게 설문조사를 합니다. 일 년 동안 선생님과 했던 수업 중에서 가장 재미있었거나 기억에 남는 수업을 5개 적어보도록 합니다. 해마다 같은 수업이 1위를 하는데 바로 나눔장터라는 수업입니다. 벼룩시장이라고도 하고 알뜰시장이라고도 하는 물물교환을 하는 수업입니다.

아이들은 왜 나눔장터를 좋아할까요?

"1학기 동안에 나눔장터를 하면서 느낀 점이 많이 있었다. 정말로 기분이 좋았다. 준비를 할 때는 어려운 점이 많았다. 그리고 팔 때와 살 때는 마음이 떨렸다. 하지만 그만큼이나 힘든 점은 없었다. 따뜻한 마음을 나누는 것 그것이 바로 나눔인 것 같았다."

— 2008년 2학년 이정민

"정말 장사를 하는 것이 재미있어 보이면서도 힘들다. 왜 힘이 드냐 하면 소리를 고래고래 질러야 물건을 하나 정도 팔 수 있기 때문이다. 나는 장사를 하면서 돈을 아껴 쓰게 되었고 장사란 게 얼마나 힘든 것인지 알게 되었다. 장터를 한 덕에 돈을 아껴 써야 된다는 것도 알게 되었다. 나눔장터를 하면서 정말 많은 것을 느꼈다. 2학기 나눔장터가 기대된다. 2학기가 빨리 왔으면 좋을 텐데."

- 2008년 2학년 김신영

"물건을 사니 진짜 손님이 된 것 같았고 물물교환을 해서 재미있었다."

- 2009년 2학년 임재민

"처음 나눔장터를 했다. 이번 나눔장터에는 파는 사람을 했다. 물건을 많이 가져와서 다 안 팔릴 것 같았는데 다 팔려서 참 기뻤다. 다음에 또 할 때는 사는 사람을 해서 많은 물건들을 사야겠다. 파는 사람도 참 재미있는 것 같다. 사는 사람은 어떤 느낌인지 알아보고 싶다. 그래서 다음에 할 때는 사는 사람을 하고 싶은 것이다. 이번 나눔장터는 참 재미있었던 것 같다."

- 2009년 2학년 진하민

아이들이 나눔장터를 마치면서 쓴 글인데 하나같이 서로의 물건을 나누는 것과 서로의 마음을 나누는 것이 재미있었다고 합니다. 요즘 아이들은 자기의 물건을 다른 사람과 바꾸어서 사용하는 일이 거의 없습니다. 집에 아이가 많지도 않아서 기죽이지 않으려고 되도록이면 새 물건을 사서 아이에게 안겨주기 때문입니다. 그래서 아이들은 항상 새 것을 사용합니다. 그렇기 때문에 아이들은 누군가와 자기의 물건을 바꿔서 사용하는 것에 익숙하지 않습니다.

나눔장터를 하면 다른 친구들이 사용했던 물건을 써볼 수도 있고 자기가 사용했던 물건을 다른 친구들이 써보게 됩니다. 이렇듯 새로운 경험을 해보기 때문에 나눔장터가 재미있다고 생각합니다. 부모들도 아이 기를 죽이지 않으면서 자연스럽게 다른 사람들과 물건을 공유한다는 점이 좋았다고들 합니다. 대부분의 부모님들이 적극적으로 나눔장터 활동을 도와주시는 것만 봐도 알 수 있습니다.

그런데 가끔 장터에서 팔 물건을 사오는 아이가 있습니다. 나눔장터에서 물건을 팔고 싶은데 가져올 물건이 없다는 것입니다. 또는 누가 봐도 쓸 수 없을 만큼 헌 물건을 가져오는 경우도 있습니다. 그래서 나눔장터를 준비하면서 아이들에게 이렇게 이야기합니다.

"나눔장터에서 팔 물건은 새 물건을 사오거나 쓸 수 없어서 버리려던 물건을 가져오면 안 됩니다. 자기가 사용할 수 있는 물건이지만 다른 사람과 나눠 쓰고 싶은 물건을 가져오도록 하세요."

사실 이런 말을 할 필요도 없습니다. 아이들이 나눔장터를 몇 번 해보면 자연스럽게 어떤 물건을 가져와야 하는지를 깨닫게 됩니다. 이런 것이 바로 주기만 하는 첫 번째 나눔의 정의와는 다른 점입니다. 내가 주기만 하는 것이 아니라 다른 사람의 물건을 받기도 하기 때문에 상대방에게 줄 때 이 정도의 물건은 되어야 하겠구나, 라는 기준이 생기는 것입니다.

요즘엔 물건만 팔지 않고 추억도 함께 팔게 합니다. 물건을 준비할 때 접착 메모지나 라벨지에 그 물건에 담긴 추억을 적어서 함께 가지고 오도록 합니다. 그러면 아이들이 물건을 살 때 그 물건에 담긴 추억을 물어보게 되고 물건이 딱히 맘에 들지 않더라도 물건에 담긴 추억이 맘에 들어 사기도 합니다. 그 물건의 추억을 함께 사게 되는 것입니다.

판매자의 추억을 구매자가 함께 공유하는 것입니다. 이것이 두 번째 나눔의 정의입니다. 주기만 하는 것이 아니라 주고받는 것입니다. 함께 공유하는 것입니다. 그것이 물건이 되었든 추억이 되었든 말입니다. 하지만 이 경우에도 상대방이 정확히 무엇을 원하는지는 알 수가 없습니다. 다만 자기 입장에서 추측하는 것입니다.

나눔 **03** 교육

# 나눔은 소통하는 것

2005년부터 시작했으니 올해로 8년째 교실에서 나눔교육을 해오고 있습니다. 교육을 해오면서 조금씩 프로그램이 변하기는 했지만 작년(2011년)처럼 나눔에 대한 철학이 크게 변한 적은 없었습니다. 나눔은 소통이라고 말은 많이 하고 다녔는데 왜 소통인지에 대한 고민이 많이 부족했었습니다. 작년에서야 비로소 그 답을 찾았습니다.

그 전까지는 나눔교육을 하는 목적이 교실에 있는 우리 반 아이들이 아니었습니다. 교실 밖에 있는 힘들고 어려운, 도움이 필요한 사람들이었습니다. 그래서 행사 몇 번 잘해서 기부금을 모아 기관에 기부하는 것이 다였습니다. 그러다 보니 그 나눔활동에 우리 반 아이들은 빠져 있었습니다.

기부라는 행위는 언제든지 할 수 있습니다. 하지만 왜 기부를 하는지가 중요합니다. 어려운 사람들을 돕기 위해서? 불쌍하니까? 그

것은 나눔의 첫 번째 정의인 단지 주는 것에 지나지 않습니다. 그것의 의미를 좀 더 확대해서 나와는 다른 사람들을 알려고 하다 보니 그들에게 필요한 것을 알게 되고, 그것을 함께 나누고 공유하는 것이 진짜 나눔이라고 생각합니다. 우리 반 아이들이 소통하는 법을 알게 되면 나중에 커서 자연스럽게 다른 사람들과 소통하게 되고, 그러다 보면 도움이 필요한 사람을 알게 되어 자연스럽게 기부라는 행위도 하게 될 것입니다.

나눔은 일방적인 거래가 아닙니다. 내가 주고 싶은 것을 상대방이 원하지도 않는데 줄 수는 없는 노릇입니다. 만약 그렇게 한다면 상대방에게 의도하지 않은 상처를 줄 수도 있습니다. 나눔을 실천하는 데 있어서 가장 중요하게 생각해야 할 것은 상대방에 대한 이해입니다. 상대방을 이해하기 위해서는 상대를 먼저 알아야 합니다. 무엇이 불편하고 무엇이 필요한지 알아야 합니다. 나 혼자 추측하거나 누군가에게 들은 것으로는 상대방에 대해 정확히 알 수 없습니다. 상대방에게 직접 물어보거나 체험해볼 수밖에 없습니다. 그래서 나눔은 소통이라 생각합니다. 상대방과 소통하려고 노력하지 않으면서 나눈다는 것은 마음 없이 물건만 전달하는 일회성의 나눔이 될 수밖에 없습니다.

나눔은 주는 것이라는 정의에서 조금 범위를 넓혀 내가 다른 사람과 소통하는 것이라고 생각하면, 내가 가진 것이 없어도 내가 조금은 부족해도 다른 사람과 나눌 것이 너무나도 많아집니다. 생활 그 자체에서 나눌 것을 찾게 되므로 서로 나누는 것이 자연스러워집니다. 그러면서 나도 자연스럽게 받게 됩니다. 이것이 일방적 소통이 아닌 순환적 소통입니다. 나에게 있는 것을 단지 다른 누군가에게 이동시키는 것이 아니라, 그 이동을 통해 또 다른 이동이 일어나면서 순환이 일어나게 됩니다. 우리의 생활 자체가 변하는 것입니다.

그렇기 때문에 나눔은 정해진 시간에 정해진 활동으로 제한되지 않습니다. 생활 그 자체가 나눔이기 때문에 모든 순간 모든 상황에서 모두에게 나눔이 일어나는 구조라고 볼 수 있습니다. 이렇게 되면 내 주위에만 나눔이 일어나는 게 아니라 지구 전체에 나눔이 일어납니다. 그러다 보면 불평등한 상황도 개선되고 모두가 행복한 삶을 만들 수 있게 됩니다. 결국 나눔은 이 세상을 행복하게 만드는 원동력이 됩니다.

"진정한 나눔은 사람을 존중하고 그 사람과 소통하려는 것이라고 생각합니다."

2장

⋮

세상에 나눌 수 없는 것은 없어요

나눌 수 있는 것에는 어떤 것들이 있을까요? 1장에서도 살펴봤듯이 사람들은 '나눔' 하면 물질적인 것들을 떠올립니다. 대표적인 것이 돈이겠지요. 요즘 사람들은 돈이 아무리 많아도 부족하다고 생각합니다. 그래서 웬만큼 모아서는 만족할 수가 없습니다. 그러다 보니 물질을 나누는 것에는 한계가 있습니다. 한계를 느끼는 사람들은 나눌 것이 없다고들 합니다. 과연 그럴까요? 우리가 나눌 수 있는 것이 물질적인 것들뿐일까요?

나눌 것이 없다고 말들 하지만 우리 아이들은 학교에서 많은 것을 나누고 있습니다. 개그 프로그램을 보고 온 다음날은 아침부터 서로 본 개그들을 나누느라 정신이 없습니다. 그리고 쉬는 시간마다 친구들과의 장난과 몸싸움으로 정말 많은 체력을 나눕니다. 그러다 벌을 서면서 창피함을 함께 나누기도 합니다. 여름이면 함께 졸면서 수업을 듣기도 하고요. 시험을 보러 가서 함께 떨림을 나누기도 합니다. 심지어는 자전거를 타면서 바람을 나누기도 합니다.

이는 레모나에서 2008년에 만든 광고 내용으로, 이 광고를 보여주고 나서 나눌 수 있는 것을 써보라고 하면 끝도 없이 씁니다.

나눔은 내가 가진 것이 없어도 할 수 있습니다.

"세상에 나눌 수 없는 것은 없습니다."

나눔 **01** 교육

# 돈

　인공위성에서 밤을 맞은 지구를 찍은 사진을 보면 작은 불빛들로 매우 아름답습니다. 그런데 이 불빛들을 자세히 살펴보면 적도를 기준으로 윗부분과 아랫부분이 많이 다르다는 것을 알 수 있습니다. 적도 아랫부분보다 윗부분에 훨씬 많은 불빛들이 켜져 있습니다.
　지구에서 사용하는 에너지의 80%를 북반구가, 나머지 20%를 남반구가 사용한다고 합니다. 왜 이런 차이가 나는 걸까요? 적도 아래쪽 나라들은 전기 공급이 제대로 안 되는 걸까요? 아니면 전기를 아끼는 것일까요?
　현재 지구는 에너지 과다 사용으로 인한 온난화 현상이 벌어지고 있습니다. 남반구보다는 북반구가 에너지를 4배 이상 더 사용하는 것으로 봐서 온난화의 책임은 남반구보다는 북반구에 더 많다고 볼 수 있습니다. 그런데 이상한 것은 지구 온난화의 피해는 남반구가

80%, 북반구는 20% 정도 입는다는 것입니다. 에너지 사용은 북반구가 더 많이 하는데 피해는 남반구가 많이 입는 것입니다.

이번엔 북반구와 남반구에 사는 아이들의 모습을 비교해볼까요? 대표적으로 북미의 아이들과 아프리카의 아이들을 비교해보겠습니다. 북미의 아이들은 전부는 아니지만 대부분 아프리카보다는 편안하고 풍족한 환경에서 공부를 합니다. 그러나 아프리카 아이들은 교실은 물론이고 변변한 공책이나 연필도 없이 열악한 환경에서 공부를 합니다.

북미의 아이들은 먹을 것이 넘쳐서 먹고 싶은 것을 골라 먹으며 비만에 시달리지만, 아프리카 아이들은 먹을 것을 구하기 위해서 길게 줄을 서야만 겨우 죽지 않을 만큼의 음식을 구할 수 있습니다.

북미의 아이들은 놀이공원이나 휴양지에서 휴식을 취하지만 아프리카의 아이들은 제대로 쉴 만한 공간이 아예 없기도 하고, 먹고 살기 위해 노동을 해야 하기 때문에 쉴 만한 시간도 없습니다.

여러분은 이런 이야기를 들을 때 어떤 단어가 떠오르시나요? 불쌍하다, 돕고 싶다 정도의 단어가 떠오르시나요? 저는 그런 단어보다는 '불평등'이란 단어와 함께 여러 가지 물음들이 떠올랐습니다.

저 아이들이 단지 그곳에서 태어났다는 까닭만으로 그토록 힘들게 살아야 하는 것인가? 저들은 게을러서 그토록 힘들게 사는 것인가? 그곳에는 정말 먹을 것이 없을까? 왜 북반구에서 쓴 에너지 때문에 남반구 사람들이 피해를 봐야 하는가? 그럼 우리나라는 북반구에 있으니까 잘 사는 나라일까? 우리나라에 있는 결식아동과 아프리카의 아이들은 같은 경우인가?

여러분은 어떻게 생각하십니까? 참으로 많은 생각들을 하게 됩니다.

기부단체들이 기금을 모금할 때 주로 아프리카나 동남아시아에 살면서 먹을 것을 제대로 못 먹고 죽어가는 아이들의 사진들을 보여줍니다. 그러고는 우리가 그들에게 먹을 것을 보내주는 것이 우리의 책임을 다하는 것인 것처럼 홍보합니다. 그것은 그들이 불쌍한 존재이니까 도와주어야 한다는 논리입니다. 원래 게을러서 불쌍할 수밖에 없는 사람들이니까 우리가 도와주지 않으면 안 된다는 논리입니다. 과연 그럴까요? 그들이 정말 게을러서 힘들게 사는 것일까요?

만약 그 사진들 옆에 북반구의 잘 사는 아이들의 사진을 같이 전시하면 어떨까요? 아마도 대부분의 사람들은 '불쌍'이라는 단어보다는 '불평등'이라는 단어를 떠올릴 것입니다. 이것은 굉장히 다른 논리입니다. 불쌍해서 도와주어야 한다는 것과 불평등하기 때문에 도와주어야 한다는 것은 말입니다. 불쌍해서 도와주는 것은 가난의 책임이 그들에게 있다고 생각하기 쉽고, 불평등해서 도와주는 것은 가난의 책임이 모두에게 있다고 생각할 수 있습니다. 과연 가난의 책임이 그들에게만 있을까요?

우리나라의 경우에도 도움의 손길을 기다리는 사람들이 많이 있습니다. 이들에게도 우리는 불쌍하기 때문이라는 논리를 들이댑니다. 그들은 게으르고 불쌍할 수밖에 없는 존재니까 도와주어야 한다는 식입니다. 이것은 토론을 많이 해야 할 문제이긴 하지만 제 생각에는 어느 한 개인의 문제라기보다는 사회의 구조적인 문제 때문이라고 생각합니다. 그렇기 때문에 한 사람이 노력한다고 해결될 수 있는 문제가 아닌 것입니다.

　북반구에 사는 우리가 남반구에 사는 사람보다 잘 사는 것은 그들을 이용해서 수익을 올리고 있기 때문입니다. 그 덕분에 우리가 잘 사는 것이기에 나누어야 하는 것입니다. 불평등하게 나누어진 돈을 다시 그들에게 돌려주자는 것입니다.

　첫 번째 나눔은 바로 돈나눔입니다. 돈으로 나눔을 실천하는 것입니다. 다양한 나눔 가운데 가장 쉬운 나눔이라고 생각합니다. 돈만 있으면 할 수 있는 나눔이니까요. 그런데 정말 그럴까요? 돈만 있으면 누구나 제대로 할 수 있을까요?

　학교의 예를 들어보겠습니다. 학교에선 연말이면 어김없이 저금통 행사를 합니다. 하지만 누구 하나 저금통 행사를 왜 하는지, 그 돈을 모아서 누구를 돕는 것인지 말해주는 사람이 없습니다. 까닭 없이 돈을 모으는 것입니다. 심지어는 반별로 모으기 경쟁을 부추기는 학교도 있습니다. 그러다 보니 아이들은 자기 돈을 내기보다는 엄마에게 받아서 내는 경우가 많습니다. 심지어는 옆 반보다 모금액이 적으니까 엄마한테 가서 무조건 돈을 달라는 경우도 많습니다. 아이들이나 어른이나 충분히 토론을 해서 마음에서 우러나 돈을 모으는 것이 아니라 당연히 해야 하는 행사니까 한다는 생각이 큽니다. 이런 아이들이 커서 제대로 된 기부를 할까요?

돈은 모으는 것보다 어떻게 써야 하는가를 생각하는 게 중요합니다. 혼자 모으는 것이 아니니까 모두 모여 토론을 통해 합의하는 과정이 중요합니다. 그러면서 내가 도움을 줄 사람들에 대한 이해를 하게 되고 그들에게 이 돈이 어떻게 쓰일 거라는 것도 알게 됩니다. 그런 소통의 과정 없이 진행되는 저금통 행사는 의미 없이 행사를 위한 행사가 되기 쉽습니다. 서로가 나눔의 의미를 나누지 않고 그저 돈만 나누는 것은 별다른 의미가 없는 행사입니다. 사회 구조를 바꾸려는 노력 없이 그저 있는 사람이 없는 사람에게 자선을 베푼다는 의미가 강한 행사일 뿐입니다.

얼마 전까지만 해도 기부를 하는 사람들 가운데에는 '가진 사람이 갖지 못한 사람에게 베푸는 선의에 기반한 자선'이라는 생각을 지닌 사람들이 많았습니다. 하지만 일본의 '테이블 포 투(Table For Two, 두 사람을 위한 식탁이라는 의미로 우리나라에도 2011년에 한국 지부가 생겨 이 방식이 도입되었습니다. http://tablefortwo.tistory.com)'라는 사회적 기업은 2007년부터 단돈 20엔(한화 약 300원)으로 기부도 하고 다이어트도 할 수 있는 기부방법을 생각해냈습니다. 기업의 점심 급식 중 20엔을 뺀 다이어트 식단을 선택하면 다른 나라에서 밥을 굶고 있는 아이들을 도울 수 있는 방법입니다. 식량이 남는 선진국과 식량이 부족한 개발도상국의 세계적 식량 불균형을 해결한다는 의미가 있습니다. 세계적으로 식량 불균형을 일으킨 나라에서 식량 불균형의 책임을 지고 식량의 순환이 이루어지도록 유도하는 제도입니다. 굶기 때문에 불쌍해서 기부를 하는 것이 아니라 그들이 굶는 것에 대한 책임을 지도록 하는 것입니다. 현금이 오가는 것이 아니고 순간적으로 선택할 수 있기 때문에 일본에서는 많은 기업들이 동참하고 있다고 합니다.

  이처럼 불쌍해서가 아니라 불평등하기 때문에 기부를 한다는 생각이 일반화되어야 진정한 의미의 경제적 순환이 이뤄질 수 있을 것입니다. 물론 이런 불평등을 해결하기 위해 꾸준히 자신의 재산을 기부하는 기부자들도 많습니다. 자신이 힘들었을 때 받은 불평등한 차별들을 없애기 위해, 자신을 도와준 사람들에 대한 보답의 의미로 다른 사람들에게 기부를 하는 사람들이 생각보다 많습니다. 이처럼 좀 더 많은 사람들이 생각 없이 기부하기보다는 기부 받는 사람들의 환경을 생각해서 기부하는 것이 어떨까요?

나눔 02 교육

# 재능

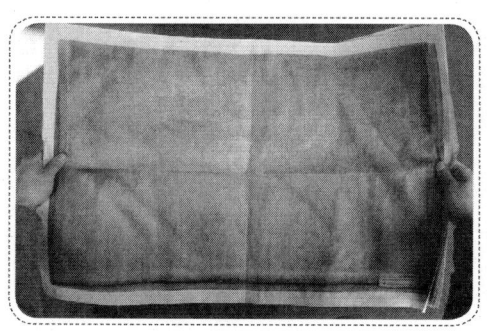

자료출처: 이제석 광고연구소©_WWW.JESKI.ORG

　이 사진은 신문광고를 찍은 것입니다. 무엇을 광고하는 것으로 보이시나요? 이렇게 전면광고를 하려면 광고비도 꽤 많이 들 텐데 아무런 홍보 글도 없이 사진 한 장만 실었습니다. 그렇다면 신문 속에 있는 사진은 과연 무엇일까요? 잘 보시면 아시겠지만 담요를 찍은 사진이라고 합니다. 여기서 담요가 뜻하는 것은 무엇일까요? 신문 전면광고로 담요 한 장을 찍어서 넣은 것입니다. 신문지를 담요로 사용하는 사람들이 누굴까요? 바로 노숙인들입니다. 이 광고는 노숙인들에게 따뜻한 관심과 손길을 보내자는 뜻의 광고입니다. 굉장히 직관적인 광고라고 생각하지 않으세요?

이 광고는 이제석 씨가 영남일보에 실었던 광고입니다. 이제석 씨는 한국에서 디자인 공부를 하고 미국으로 가서는 광고를 공부하다가 세계적인 광고 대회에서 많은 상을 수상한 광고천재라 불리는 분입니다. 지금도 세계적인 광고회사에서 거액의 스카우트 제의를 받는 분입니다. 그런데 이런 광고계의 거물이 왜 지방신문인 영남일보에 노숙인을 돕자는 광고를 냈을까요?

　이제석 씨는 몇 해 전부터 기업광고나 상품광고보다는 돈이 별로 되지 않는 공익광고를 만들기 시작했습니다. 광고를 통해 많은 돈을 벌 수 있는데도 왜 돈벌이가 시원찮은 공익광고를 만들기 시작했을까요?

　그것은 아마도 자신의 재능을 이용해 다른 사람에게 도움을 주고 싶은 이제석 씨의 마음이 행동으로 나타난 결과라고 생각합니다. 이제석 씨 자신이 학창시절부터 사회에서 겪은 여러 가지 차별을 다른 누군가는 느끼지 않게 하고 싶은 마음이었을 것입니다. 이제석 씨는 학창시절부터 학력 때문에 차별을 많이 받았다고 합니다. 그래서 대학 졸업 후 취업이 안 되어 동네에서 간판을 만드는 일을 했다고 합니다. 미술공부를 하면서 미술과 관련된 일을 하고 싶었는데 학력이라는 사회의 벽에 부딪혀 결국 간판 만드는 일을 하게 된 것이죠. 그러면서 누구보다도 많은 차별을 당해봤기에 차별받는 이들을 위한 광고를 만들고 싶었는지도 모릅니다.

　이처럼 자신의 재능을 다른 사람을 위해서 사용하는 것이 두 번째 나눔인 재능나눔입니다. 돈이 많고 적고를 떠나 자신이 가진 재

2010년 10월 9일 서울시 장지동 가든파이브에서 열린 단추수프 축제에서 나눔교육을 하고 있는 나눔교육 교사연구회 선생님들

단추수프 축제에서 구두를 닦고 계시는 아름다운재단 이창식 기부자님. 안타깝게도 2012년 2월에 돌아가셨습니다.

능을 마음만 있다면 다른 사람을 위해 나눌 수 있습니다.

 2010년 가을 서울에 있는 가든파이브 옥상에서는 단추수프 축제가 열렸습니다. 아름다운재단 10주년을 기념하기 위해 마련된 이 축제는 재능기부를 통해 오브리 데이비스의 동화 《단추 수프》에 나오는 나눔의 기적을 재현하기 위한 것이었습니다. 먼저 아름다운재단의 기부자들에게, 하루 동안 다른 기부자들과 재능을 나누고 싶은 분들은 지원을 해달라는 메일을 보냈습니다. 재능기부자 카페를 만들어서 재능기부자들의 다양한 재능기부 신청을 받았는데, 모두 53개 팀이 재능기부를 하기로 했습니다. 또한 단추수프 축제를 위해 자원봉사자들도 모집했습니다. 하루 동안 행사를 위해 자신의 시간을 기부하는 분들도 많았습니다.

 그 중에는 구둣방을 운영하시는 분도 계셨는데 하루 동안 가게 문을 닫고 오셔서 참가자들의 구두를 닦아주시기도 했습니다. 하루 장사를 포기하신 셈입니다. 또한 옷걸이로 독서대를 만드는 재능을 가진 분도 계셨는데 많은 분들에게 독서대 만드는 재능을 알려주셨습니다. 저는 나눔교육을 하루 종일 실천했습니다. 53개나 되는 팀이 정말 하루 종일 지루할 틈도 없이 재미있는 활동을 많이 기부해주셔서 참가한 모든 분들이 하루 종일 행복했던 기억이 납니다. 저도 조카들과 가족들을 데리고 가서 정말 행복한 시간을 보냈습니다.

요즘은 돈을 기부하는 것보다 이렇게 재능을 기부하는 사례가 늘고 있는 추세입니다. 아마도 돈을 기부하는 것과는 달리 나눔을 통해 다른 사람과 관계를 맺을 수 있다는 장점이 있어서 그렇지 않나 생각합니다. 재능을 나누고 받는 과정에서 새로운 나눔이 싹트는 것을 많이 볼 수 있습니다.

나눔 **03** 교육

# 시간

 몇 년 전 제자에게서 전화가 왔습니다.
 "선생님, 저 대학생 됐는데 친구랑 같이 선생님 만나고 싶어요."
 2002년에 6학년이었던 무지개가 대학생이 되어서 만나자는 연락이 온 것입니다. 너무나도 반가워서 인사동 쪽에서 만나기로 했습니다. 대학생이 된 무지개와 지혜는 6학년 때 모습과 별로 다르지 않았습니다. 한 번 제자는 영원한 제자인가 봅니다. 녀석들과 맛있는 밥을 먹고 차를 마시러 갔습니다. 이런저런 이야기를 하다가 제 이야기를 하게 됐습니다. 자연히 아름다운재단에서 나눔연구회를 하고 있고 근처에 아름다운재단이 있다는 이야기가 나왔습니다. 그랬더니 자기들도 평소에 궁금했던 곳이라며 가보자고 했습니다. 그래서 아름다운재단에 들러 간사님에게 재단에 대해 여러 이야기도 듣고 시간을 보내다 헤어졌습니다. 그리고 한 달 정도 뒤에 무지개에게서 또

전화가 왔습니다.

"선생님, 저 아름다운가게에서 월요일마다 봉사해요. 시간 되시면 놀러 오세요."

뜻밖의 연락이었습니다. 무지개는 대학교에 입학하면서 등록금을 벌기 위해 이런저런 아르바이트를 하고 있다고 했는데, 그 아까운 시간에 무급으로 봉사를 한다니. 참으로 기특했습니다.

세 번째 나눔은 시간나눔입니다. 내가 돈이 없어도 재능이 없어도 할 수 있는 나눔입니다. 나누고 싶은 생각만 있으면 누구나 할 수 있는 나눔입니다. 무지개처럼 자기의 소중한 시간을 쪼개서 봉사를 하는 것도, 생활 속에서 누군가와 함께 시간을 보내는 것도 시간나눔이라고 할 수 있습니다. 정말 쉽죠?

나눔 **04** 교육

# 지식

똑똑한 사람에 대한 기준이 변하고 있습니다. 과거에는 지식을 접할 수 있는 기회가 많지 않았습니다. 한자를 알아야 지식에 접근할 수 있었기 때문에 한자를 공부할 수 있는 소수의 사람들만이 지식을 독점할 수 있었습니다. 그들은 자신들이 독점한 지식을 쉽게 다른 사람에게 알려주지 않았습니다. 그 지식을 이용해 많은 기득권을 챙길 수 있었기 때문입니다.

그러다 서민들도 쉽게 배울 수 있는 글자가 발명되면서 지식에 접근할 수 있는 사람이 많아졌습니다. 또한 인쇄술이 발달하면서 책을 접할 수 있는 기회가 많아졌고, 누구나 교육을 받을 수 있는 교육평등이 실현되면서 누구든지 원하면 지식에 접근할 수 있게 되었습니다. 더는 지식을 많이 소유한다고 해서 똑똑한 사람이라고 할 수가 없게 되었습니다. 그래서 지식을 잘 활용하는 사람을 똑똑하다고 했습니다. 학교에서 누구나 똑같은 지식을 배우기 때문에 그것을 얼마나 아느냐는 더는 중요하지 않게 되었습니다. 그것을 어떻게 활용하느냐가 똑똑한 사람의 기준이 된 것입니다.

지금은 어떨까요? 지금은 지식을 잘 활용하는 사람들이 많아지면서 기존에 있는 지식을 이용하기보다 새롭게 지식을 창조해야 똑똑한 사람이 될 수 있습니다.

요즘 미국에서는 아웃소싱으로 기업을 운영하는 경영인이 많습니다. 제조업은 물론이고 정보기술(IT) 기업까지도 인건비나 재료비가 값싼 동남아시아나 남미 쪽 기업에 아웃소싱을 의뢰하고 있습니다. 특히 인도 사람들을 선호하는데, 똑똑한 인력이 많으면서도 인건비도 적게 들기 때문입니다. 인도 사람들에게 의뢰하는 일들은 대부분 지식을 활용해서 어떠한 프로그램을 만드는 작업입니다. 뭔가 새로운 것을 기획하거나 창조하는 작업은 미국인들이 합니다. 지식을 활용하는 일은 아웃소싱을 하고 지식을 창조하는 일은 미국인들이 하는 것입니다.

우리나라의 교육은 아직도 지식을 많이 알거나 잘 활용하는 것에 초점을 두고 있습니다. 이미 국제사회에서는 인도인들이 훨씬 값싼 인건비로 우리보다 일을 더 잘하고 있는데도 말입니다. 우리가 인도인들과의 경쟁에서 이기려면 지식을 창조할 수 있는 교육을 해야 합니다.

인터넷 쪽에서도 이러한 흐름은 그대로 나타나고 있습니다. 예전에는 홈페이지라고 하면 홈페이지 주인이 가지고 있는 지식을 그대로 웹페이지로 만들어 게시하는 게 전부였습니다. 새롭고 많은 지식이 있는 홈페이지들이 인기가 많았지요. 그러다 게시판이라는 기능이 생기면서 커뮤니티가 중요해집니다. 누군가 가지고 있는 지식을 올리기만 하는 게 아니라 주인이 게시한 내용에 방문객들이 글을 남기게 되었습니다. 현재는 회원가입만 하면 주인의 웹페이지를 바꿀 수도 있는 시대가 왔습니다. 더는 지식의 양이나 질이 중요하지 않게 된 것입니다. 서로의 지식을 공유하면서 새로운 지식을 창조하는 시대가 온 것입니다.

그 대표적인 사이트가 위키피디아(http:/www.wikipedia.org)라는 사이트입니다. 인터넷 백과사전으로, 누구나 들어가서 회원가입만 하면 세상의 모든 지식을 고칠 수 있게 되어 있습니다. 절대적인 지식은 더는 없는 것입니다. 누구나 들어가서 고친다고 하면 지식의 신뢰도가 문제가 될 수 있습니다. 그래서 영국의 모 조사기관에서 위키피

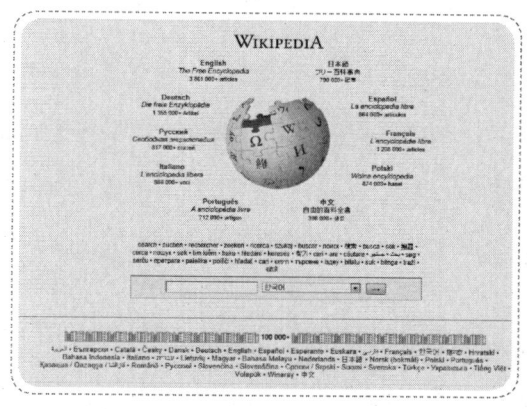

위키피디아 홈페이지

디아와 브리태니커 사전을 비교하는 작업을 했습니다. 결과는 브리태니커 사전보다 위키피디아의 오류가 더 적었습니다. 의외의 결과였습니다. 위키피디아는 무료고 브리태니커 사전은 매우 비싼데 말입니다. 많은 사람들이 함께 만드는 지식이 더 정확하다는 것입니다. 바로 지식나눔의 힘을 보여주는 좋은 예입니다.

요즘 또 하나의 지식나눔은 강의를 무료로 공유하는 것입니다. 대표적인 예가 2002년 시작한 미국 매사추세츠 공과대학교(MIT)에서 제공하는 공개교육 프로그램(MIT OPEN COURSE WARE, http://ocw.mit.edu)이라고 볼 수 있습니다. 대학에서 이뤄지는 강의를 무료로 공개한 것입니다. 아무나 접근할 수 없던 명문 대학의 강의를 누구나 들을 수 있게 되었습니다. 지식을 소수만 독점하지 않고 다수의 대중들에게 공개한 것입니다. 또한 최근 테드(TED, http://www.ted.com)라는 사이트가 대학 강의가 아닌 일반인들의 강의를 나누고 있습니다. 우리나라에서는 스노우(SNOW, http://www.snow.or.kr)라는 곳에서 다양한 강의들을 나누고 있습니다.

테드(TED)는 과학기술(Technology), 엔터테인먼트(Entertainment), 디자인(Design)의 약자로, 1984년부터 시작된 컨퍼런스 나눔 사이트입니다. 무료로 전 세계의 수많은 강의를 보고 들을 수 있습니다. 스티브 잡스, 빌 게이츠 등 이름만 들으면 알 수 있는 유명한 사람들의 강의도 있습니다. 그리고 과학기술, 엔터테인먼트, 디자인, 비즈니스, 과학, 국제 이슈 등의 주제와 관련된 다양한 강의들을 만날 수 있습니다. 하지만 모두 영어 등 현지 언어로 진행되기 때문에 언어의 한계가 있습니다. 그 한계를 극복하기 위해 또 다른 지식나눔이 사이트 안에서 이뤄지고 있습니다. 회원가입을 하면 누구나 번역을 할 수가 있습니다. 어떤 강의는 50개 이상의 언어로 번역이 되어 있는 경우도 있습니다. 물론 그 번역이 잘못되어 있으면 또 다른 누군가가 고칠 수도 있습니다.

우리나라에서도 몇 년 전부터 테드에 자극을 받아 컨퍼런스를 무료로 공유하는 사이트들이 생겨나고 있는데 그 중 대표적인 사이트가 스노우(SNOW)입니다. SNOW는 Sookmyung Network for Open World의 약자로 숙명여자대학교에서 2009년부터 운영하는 오픈소스 사이트입니다. 나누는 지식, 커가는 희망이라는 슬로건 아래 대학이 가진 고급 콘텐츠, 고급 지식을 숙명여대 구성원뿐만 아니라 여러 사람들과 나누려는 것입니다. 다른 사람들과 의견을 나눌

스노우 홈페이지

수 있고, 스스로 학습할 수 있도록 도움을 주며, 이른바 누구나 참여하고 공유할 수 있는 강의를 제공하는 것이 스노우의 목표라고 합니다. 스노우에서는 누구나 지식 콘텐츠를 공유하고 외국 동영상을 번역하며 동영상 주제별로 토론이 가능합니다. 이는 Web 2.0 시대의 도래와 함께 개방, 공유, 참여의 흐름에 맞추어 학생은 물론 일반인까지도 참여함으로써 지식의 양과 범위를 극복하고 자생적으로 성장 가능한 지식 생태계 구축을 의미하는 것이라고 합니다.

번역작업에 참여할 수는 있지만 강의를 볼 수만 있는 테드가 단방향이라면 스노우는 강의를 보고 토론까지 할 수 있는 양방향 시스템입니다. 지식을 나누는 방법도 이처럼 다양합니다. 공유와 소통의 의미를 비교해볼 수 있는 사례라고 할 수 있습니다.

나눔 05 교육

# 가치

2010년부터 조금씩 선보이고 있는 나눔이 있는데, 바로 가치나눔입니다. 지금까지 이야기한 돈, 재능, 시간, 지식 등을 하나의 가치를 통해 모두 한 번에 나눌 수 있는 나눔입니다. 앞으로 많아질 나눔의 형태이자 추구해야 할 나눔입니다. 하나하나 개별적으로 나누기보다는 그것들을 한데 모아서 동시에 나누는 나눔이 진정한 나눔일 거라 생각합니다.

그 가운데 8ink(http://www.8ink.org)라는 모임이 있는데 지식나눔에서 이야기한 무료 컨퍼런스와 비슷한 활동을 합니다. 이 모임은 2010년에 나눔이라는 가치를 걸고 이화여대에서 첫 컨퍼런스를 열었습니다. 모임 이름인 8ink는 발음기호 [θ]를 8로 형상화한 것으로 '생각하다(Think)'라는 의미를 지니고 있다고 합니다. 회마다 하나의 가치를 주제로 삼아서 강의장도 무료로 구하고, 강사도 무료로 섭외

합니다. 강의에 참가하는 것도 무료입니다. 무엇보다 이들의 나눔이 놀라운 것은 모두가 기존에 알고 있던 사람들이 모인 것이 아니라 온라인에서 만난 사람들이 순식간에 만든 모임이라는 사실입니다. 온라인에서

2010년 이화여대에서 열린 제1회 8ink 컨퍼런스에서 강의하는 선현우 씨

만난 사람들끼리 이야기를 나누다가 누군가 좋은 일 한번 해보자는 말을 던진 것이 계기가 되어 실제로 무료 컨퍼런스까지 성사시키게 된 것입니다. 물론 이들은 무보수로 스태프로 활동합니다. 어떤 이익을 얻는 일도 아닌데 단지 다른 사람들과 무언가를 나누는 것이 좋아서 활동을 하는 사람들입니다. 여기에 초대된 강사들도 기꺼이 무료로 강의를 해줍니다. 그 강의는 사이트에 무료로 공개가 되고요.

저는 1회 나눔 컨퍼런스에 참가했는데 나눔이라는 가치를 가지고 여섯 명의 강사가 나와서 자신의 이야기를 솔직히 풀어냈습니다.

어떤 분은 중국의 사막에 나무 심는 이야기를 했고, 어떤 분은 8개 국어로 외국인들에게 한국어를 가르치는 일을 이야기했습니다. 또 어떤 분은 무료로 사람들에게 커피 만드는 법을 가르쳐주는 이야기를 했습니다. 모두가 남을 위해 나눔활동을 열심히 하고 있었고, 사람들에게 나눔에 대해 많은 생각을 하게 했습니다.

2010년에 또 하나의 가치나눔이 시작되었습니다. 과학자 정재승 씨가 트위터에 글을 하나 올리면서 시작된 나눔이었습니다. "과학이

나 공학을 전공한 대학원생, 연구원, 교수 중에서 작은 도시나 읍·면의 도서관에서 강연기부를 해주실 분을 찾습니다."라는 글을 올렸는데 한 시간 남짓 만에 300여 명이 강연 또는 진행을 기부하겠다고 신청했습니다. 그런데 놀라운 일은 그 이후에 벌어집니다. 과학에 재능이 없어 과학 강연을 할 수 없는 분들이 간식, 자원봉사, 돈 등을 기부하겠다며 더 많은 글을 올린 것입니다. 그래서 보름 정도 만에 강의계획이 잡힙니다. 정재승 씨도 예상하지 못한 놀라운 일이었죠. 과학이라는 가치를 통해 돈, 재능, 시간, 지식 나눔이 동시에 벌어지는 일이 일어난 것입니다.

'10월의 하늘'(http://www.nanumlectures.org)이라는 주제로 이뤄진 이 행사는 '옥토버 스카이(October Sky, 1999)'라는 영화의 제목에서 그 이름을 따온 것입니다. '옥토버 스카이'는 미국의 탄광촌에서 과학의 의지를 불태웠던 한 과학자의 어린 시절을 그린 영화입니다. 영화에서처럼 과학에 대한 의지는 있는데 환경이 어려운 아이들에게 과학에 대한 꿈과 희망을 심어주기 위해 이 행사는 시작됐습니다. 트위터에서의 폭발적인 반응처럼 행사는 29곳의 어린이 도서관에서 10월 마지막 토요일에 잘 치러졌습니다. 2011년에도 43곳이라는 더 많은 어린이 도서관에서 행사를 잘 치렀습니다.

"오늘의 과학자, 내일의 과학자를 만나다."라는 슬로건으로 진행된 이 행사는 단순히 과학을 전달하는 행사가 아닌 과학을 통해 미래의 꿈이라는 가치를 나누는 가치나눔의 사례입니다.

# 마음

    요즘 아이들에게 가장 부족한 나눔을 꼽으라면 아마도 마음나눔이 아닐까 생각합니다. 아이를 많이 낳지도 않거니와 태어난 아이도 기죽지 않게 키운다는 이유로 다른 사람을 배려하기보다는 자기 아이를 우선으로 생각합니다. 하지만 밖에서는 아이의 기를 죽이지 않으려고 하던 부모가 집에서는 아이의 마음을 헤아려주기보다는 자신들이 원하는 대로 행동하기를 요구하며, 아이의 자존감을 무시해 버리는 경우가 많습니다. 그런 상황에서 아이는 가치관의 혼란을 느끼며 다른 사람에 대해 마음을 닫아버리는 경우가 많습니다.

    예를 들면 예전에는 반에 도시락을 싸오지 못하는 친구가 있으면 친구들끼리 몰래 상의를 해서 자기들의 밥과 반찬을 모아 새로운 도시락을 만들어서 친구에게 주곤 했습니다. 도시락을 싸오지 못한 친구는 고마운 마음에 눈물을 흘리며 도시락을 친구들과 함께 맛있게 먹곤 했지요. 그런데 요즘은 어떨까요? 급식이 나오기 때문에 도시락을 싸오지도 않지만 소풍이나 현장학습을 갈 때 혹시 도시락을 싸오지 못한 아이가 있으면 서로 눈치만 봅니다.

'쟤들이 왜 밥과 반찬을 모아서 나한테 주지? 나중에 날 놀리려고 그러는 건 아닐까?'

'내가 불쌍하게 보이나?'

'내가 밥과 반찬을 주면 저 친구가 무슨 생각을 할까? 혹시 창피해하지는 않을까?'

'내가 준비한 반찬을 혹시 저 친구가 싫어하는 것은 아닐까?'

이런 저런 생각에 도시락을 못 싸온 친구는 그냥 굶게 되는 경우가 많습니다. 이러한 경향은 고학년으로 갈수록 더 심해집니다.

이럴 수밖에 없는 까닭이 뭘까요? 아마도 예전에 아무 거리낌 없이 도시락을 주고받을 때와는 다른 뭔가가 있을 겁니다. 제 생각에는 평소에 서로의 마음을 나눈 경험이 없기 때문에, 이미 집에서 낮아질 만큼 낮아진 자존감 때문에 서로에게 마음을 열지 못하는 경우가 많다고 생각합니다.

마음을 열지 못하는 아이 가운데에는 학급에서 욕이나 폭력을 자주 쓰는 아이가 많습니다. 이런 아이들의 특징 가운데 하나는 가정환경에 문제가 있다는 것입니다. 겉으로 보기에 완벽해 보이는 가정이어도 부모가 무관심하거나 폭력을 행사할 경우 아이의 자존감은 매우 낮아집니다. 그러다 보니 자신의 낮은 자존감을 감추기 위해 먼

출처: 플래시 무비 '도시락' 중에서 (아름다운재단 제작), 아름다운재단 나눔교육센터(www.nanumedu.org) 에서 볼 수 있습니다.

저 상대방에게 욕이나 폭력을 쓰게 됩니다. 강하게 보이도록 행동함으로써 상대방에게 자신이 약하다는 것을 숨기는 것입니다. 그런 아이들에게 마음을 나눈다는 것은 쉬운 일이 아닙니다.

극단적인 예로 2007년 미국의 버지니아 공대에서 벌어졌던 총격 사건의 주인공인 조승희 씨를 들 수 있습니다. 만약 조승희 씨에게 마음을 나눌 수 있는 친구가 한 명이라도 있었다면, 조승희 씨의 마음을 조금이라도 이해하는 친구가 있었다면 총격사건은 일어나지 않았을 것이라고 심리학자들은 분석합니다.

학교 내 폭력도 우리 아이만 안전하다면 신경 쓰지 않는 학부모의 태도와 사건 자체만 무마하려는 교육 관계자들이 문제라고 생각합니다. 우리 사회는 사건이 벌어진 뒤에 들어가는 사회적 비용보다 사건을 예방하는 비용을 더 아까워하는 것 같습니다. 사건을 처리하는 사회적 비용이 훨씬 많이 드는데도 말입니다. 조금만 일찍 마음나눔이 일어나도록 사회 전체가 투자를 한다면 많은 사건들이 예방될 것입니다. 이것이 바로 마음나눔이 중요한 까닭입니다.

미국에서 실제 있었던 이야기를 하나 하겠습니다. 알렉스라는 아이가 있었습니다. 태어난 지 9개월이 지나면서 '신경아세포종'이라는 암에 걸린 사실을 알게 되었습니다. 부모는 너무나 슬퍼서 어찌할 바를 몰랐습니다. 그러다가 알렉스가 다섯 살이 되던 해에 알렉스에게 아버지가 질문을 하나 합니다.

"나 자신과 다른 사람들을 위해 무엇을 해야 할까?"

알렉스가 대답합니다.

"레모네이드 스탠드를 만들 거예요. 거기에는 쿠키도 레모네이드도 피자도 있어요. 난 돈을 모을 거예요."

의외의 대답에 아버지는 다시 물어봅니다.

"무엇을 위해서?"

알렉스는 왜 돈을 모으려고 했을까요? 여러분이라면 이 상황에서 왜 돈을 모으시겠습니까? 아마도 여러분이 알렉스라면 맛있는 음식을 먹고 싶어서라거나 가보고 싶은 곳을 여행하고 싶어서라는 정도의 대답을 하지 않았을까요? 하지만 알렉스는 정말 생각지도 못한 대답을 합니다.

"암에 걸린 사람들을 도와주고 싶어요."

암에 걸려 죽어가면서 자기와 같은 병에 걸린 아이들을 돕고 싶다는 것입니다. 이 말을 들은 알렉스의 부모는 얼마나 마음이 아팠을까? 알렉스의 부모는 알렉스를 기쁘게 해주려고 레모네이드 스탠드를 만들어줍니다. 그래서 알렉스는 레모네이드를 팔게 됩니다. 이 이야기가 우연히 언론을 통해 미국 전역에 알려지면서 레모네이드

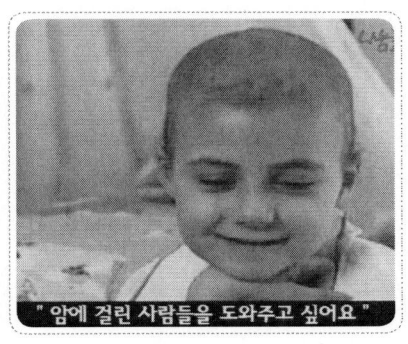

출처 : '알렉스' 중에서(Alex's Lemonade Stand Foundation 제작, 아름다운재단 나눔교육센터 번역), 아름다운재단 나눔교육센터에서 볼 수 있습니다.

스탠드가 미국 여기저기에 세워집니다. 레모네이드를 팔아 얻은 수익금은 알렉스 부모님에게 전달됩니다. 그 돈으로 여러 명의 아이들이 암의 고통에서 벗어납니다.

그 뒤 알렉스는 하늘나라로 갔습니다. 하지만 이때 모인 수익금으로 알렉스의 부모는 레모네이드 재단을 만들어 지금까지도 암에 걸린 아이들을 돕고 있습니다.

알렉스가 돈이 많아서 나눔을 했습니까? 재능이 많아서 나눔을 했습니까? 단지 알렉스의 마음이 전달되었기에 큰 기적을 이룰 수 있었습니다. 별것 아닌 것 같은 마음이지만 나눌수록 그 마음이 커져서 큰 의미가 되는 것입니다.

나눔 07 교육

# 지구

"88과 70, 36과 30"

이 숫자들은 무엇을 의미할까요? 지금으로부터 10여 년 전 저는 몸무게가 88kg까지 나갔습니다. 계단을 세 개만 올라가도 숨이 차서 조금 쉬었다가 올라가야 했습니다. 그 당시 허리둘레가 36인치였습니다. 그러다 어느 순간 이러다가는 무슨 병이든 걸려 죽을 것 같다는 위기감을 느끼고 살을 빼기 시작했습니다. 불과 1년 만에 몸무게를 70kg까지 줄였습니다. 허리둘레를 28인치까지 줄였습니다. 그러다 지금은 70kg에 30인치를 유지하고 있습니다.

당시 살을 빼기 위해 여러 가지 공부를 했습니다. 처음엔 무엇을 먹지 말아야 하는가를 공부했습니다. 트랜스 지방, 식품첨가물, 농약 덩어리 수입 농산물, 성장촉진제와 항생제를 먹인 축산물 등……. 세상엔 먹을 것이 별로 없었습니다. 그러다 너무 먹을 것이 없어서 무엇을 먹어야 하는가를 공부했습니다. 공부를 해보니 먹을 것이 조금 보였습니다. 그 다음에 공부한 것이 어떻게 먹어야 하는가였습니다. 무엇을 먹을지 어떻게 먹을지를 공부하면서 만나게 된 것이 지구와 관련된 환경문제와 지속가능성의 문제입니다.

지구를 파괴하는 것은 그 누구도 아닌 사람이었습니다. 그것을 지키기 위해 노력하는 것도 사람이었습니다. 지금의 기아 문제도 지구환경과 많은 관계가 있었습니다. 모든 문제가 순환하지 못하기 때문에 벌어진 문제였습니다. 인간의 욕심으로 지구 내부에서 순환하지 못하고 어느 지점에서 멈추기 때문에 문제가 발생합니다. 그것이 자원이 될 수도 있고 경제가 될 수도 있습니다.

지구의 순환이 막히지 않게 할 수 있는 나눔이 필요합니다. 누구나 할 수 있는 작은 나눔부터 시작해야 합니다. 쉽게 예를 들면 가까운 거리는 걷기, 불필요한 물건 사지 않기, 세수할 때나 양치할 때 물 받아서 사용하기, 안 쓰는 전등 끄기 등 조금만 신경 쓰면 할 수 있는 일들을 먼저 실천하면 됩니다. 아이들과도 같이 얘기하면서 스스로 할 수 있는 일들을 정해서 실천할 수 있도록 하는 게 중요합니다.

지구나눔은 이렇게 시작합니다. 생활 속에서 누구나 할 수 있는 쉬운 나눔으로…….

3장
⋮
나눔은 어렵지 않아요

"나눔은 어렵지 않습니다. 나눔은 누구나 할 수 있는 것입니다."
아무리 강조해도 말은 이렇게 해놓고 실제로는 어려운 활동을 하면 나눔은 어려운 것으로 다가오게 마련입니다. 나눔인지 아닌지 구별이 되지 않을 정도로 쉽게 할 수 있는 일부터 시작해야 처음부터 어려운 개념을 알려주려고 하거나 의미 있는 활동만을 하게 되면 아이들은 거부감부터 갖게 됩니다. 서로 처음 만났을 때 얼굴 사진을 찍어서 영상으로 만들어 함께 보는 것도 나눔이라고 아이들에게 이야기하면 아이들은 나눔이라는 것이 정말 쉬운 것이라고 생각합니다.

또한 아이들이 좋아하는 동화책이나 그림책을 읽어주면서 나눔이 재미있는 활동이라는 생각이 들 수 있게 해주는 것도 좋습니다. 나눔을 배우는 일이 재미있고 활동적이라는 생각이 들지 않으면 왠지 부담스러워지기 때문에 접근하기가 쉽지 않습니다. 그러면 이처럼 누구나 쉽게 해볼 수 있는 나눔활동들을 한번 살펴보겠습니다.

나눔 **01** 교육

# 얼굴나눔

 아이들은 영화보기를 무척이나 좋아합니다. 특히 반에서 친구들과 보는 영화는 더욱 재미있어합니다. 그래서 틈만 나면 영화를 보자고 노래를 부릅니다. 그런데 우리 반 아이들에게 가장 인기 있는 영화가 무엇인지 아세요? 최근에 개봉한 애니메이션일까요? 공상과학이나 판타지 영화일까요? 우리 반에서 가장 인기 있는 영화는 우리 반 친구들이 출연하는 첫 만남 사진 동영상입니다.

 3월 2일 저는 처음 만나는 아이들의 첫 모습을 담아두기 위해 아이들의 얼굴 사진을 찍습니다. 그 사진들을 편집해서 짧은 동영상을 만듭니다. 만든 동영상은 블로그에도 올리고 아이들에게도 보여줍니다. 잔잔하게 음악도 넣어서요. 별 내용도 없고 그저 아이들의 얼굴만 나오는 동영상입니다. 하지만 아이들은 이 동영상을 매우 좋아합니다. 시간 날 때마다 보여 달라고 합니다. 그런데 막상 보여주면

난리가 납니다. 자기 얼굴이 나올 때 소리 지르는 녀석, 숨는 녀석, 그저 조용히 웃는 녀석, 앞으로 튀어나와서 텔레비전을 가리키는 녀석 등 다양한 반응을 보입니다. 한두 달이 지나면 익숙해져서 시큰둥할 법도 한데 아이들은 언제 봤냐는 듯이 번번이 과도한 반응을 보입니다. 특히 평소에 조용한 아이들이 더 보여 달라고 합니다. 수업 시간에 발표하기를 꺼리는 아이들일수록 자기 얼굴이 한 번이라도 더 모두에게 보이니까 좋아하는 것 같습니다. 그래서 아예 얼굴이 한 번 나오면 발표를 한 번 한 거라고 이야기합니다. 이런 식으로라도 자신의 존재를 확인받고 싶어하는 것이 아이들의 심리입니다.

  동영상은 모두 네 번을 만듭니다. 3월 개학식, 여름방학식, 2학기 개학식, 2월 종업식. 총 네 편의 영화가 만들어지는 것입니다. 아이들이 1년 동안 얼마나 자랐는지도 알 수 있는 성장 앨범이 될 수도 있습니다. 3월에는 아주 어린아이처럼 보였는데 2월 종업식 때 보면 약간은 어른스러워진 모습을 볼 수가 있습니다.

  사진은 잘 찍을 필요도 없습니다. 좋은 사진기로 찍을 필요도 없습니다. 디지털 사진기면 아무거나 다 됩니다. 사진기가 문제가 아니라 사진 찍는 방법이 중요합니다. 오래 찍다 보니 간단한 노하우도 생겼습니다. 찍을 때 아이들의 얼굴 위에서 45도 각도로 찍으면 아이들의 살아 있는 표정을 찍을 수 있습니다. 그래야 아이들의 웃는 모습을 담을 수 있습니다.

  일 년 내내 친구들과의 얼굴나눔을 통해서 서로의 존재를 인정받고 싶은 아이들의 마음과 평소 홀로 자라 외로운 아이들의 마음을 알 수 있습니다. 이렇게 인정받고 싶고 외로움에서 벗어나고 싶어하는 아이들의 마음을 조금이라도 보듬어줄 수 있는 방법은 무엇일까요? 이때 선생님의 역할은 무엇일까요?

교실은 수업을 하는 공간입니다. 하지만 교실에는 수업만 있지 아이들이 없을 때가 많습니다. 하루 종일 선생님은 물론이고 친구들과도 눈 한 번 마주치지 못하고 집으로 돌아가는 아이들이 많습니다. 학교는 수업만을 하기 위한 공간이기보다 아이들 하나하나가 인정받고 서로 이해받을 수 있는 공간이 되어야 할 것입니다. 그래야 그 안에서 자연스런 배움도 일어날 수 있습니다. 그러한 공간이 되기 위해서는 먼저 선생님이나 아이들이나 서로가 존재한다는 생각이 들어야 합니다. 그런 생각이 들게 하기 위한 첫 출발이 서로의 얼굴을 자주 바라봐주는 것입니다. 직접 얼굴을 보는 것이 가장 좋지만 그렇게 하지 못하기 때문에 사진으로라도 서로를 바라보게 하는 것입니다.

첫 만남 동영상에 자기 얼굴이 나오면 숨거나 소리 지르는 아이들은 이러한 바라보기가 익숙하지 않은 것입니다. 자기의 존재가 드러나거나 서로를 바라보는 것이 부끄러운 것입니다. 그래서 이런 부끄러움을 감추기 위해 소리를 지르거나 숨게 되는 것입니다. 하지만 일정 기간이 지나면 아이들은 소리 지르거나 숨지 않습니다. 자신이 드러나는 걸 두려워하지 않게 됩니다. 두려움이 없어야 아이들이 좋아하는 것을 할 수 있고, 아이들이 원하는 것을 할 수 있습니다. 선생님의 역할은 단지 그런 환경을 만들어주는 것입니다.

나눔교육이라고 하면 거창하거나 특별해야 한다고 생각하기 쉽습니다. 하지만 나눔이라는 것을 알아가는 과정이 힘들고 재미없으면 더욱 하기 힘든 게 나눔교육입니다. 3월 2일부터 아이들에게 나눔이 무엇인지에 대해 자연스럽게 접근하면서 시작하는 것이 중요합니다. 교사가 나눔이라는 것을 전달하려고 하면 힘들어집니다. 그것 또한 배워야 할 것으로 접근하면 아이들은 거부하기 십상입니다. 그래서 아이들과 처음 만나는 날에 어떻게 하면 나눔이라는 것에 쉽게 다가가게 할 수 있을지를 생각했습니다. 그런 고민을 한 끝에 가장 자연스럽다고 생각한 방법이 얼굴나눔입니다.

처음 만나는 날 선생님도 그렇고 아이들도 서로 서먹서먹해합니다. 그런 상황에서 아이들의 얼굴을 찍어서 만든 동영상을 보면서 아이들은 자기 자신이 존중받는다는 느낌을 받습니다. 누군가에게 존중받는 느낌을 통해 아이들은 나눔이란 무엇인가에 대해 조금씩 관심을 갖기 시작합니다. 그 뒤로 나눔과 관련된 동화도 읽어주고 여러 활동도 하면서 자연스럽게 나눔이라는 것을 알게 합니다. 선생님과의 벽도, 아이들과의 벽도 간단히 허물 수 있는 얼굴나눔. 여러분도 한번 해보세요.

 **부모 가이드**

# 아이와 부모의 관계를
# 더 가깝게 해주는 특별한 게시판

아이들과 집에서도 얼굴나눔을 해보세요. 화이트보드를 하나 준비해서 식탁 위나 벽에 걸어놓습니다. 그리고 아이의 얼굴 사진을 찍어 인쇄해서 화이트보드에 붙입니다. 그 다음에 말풍선을 만들어 아이가 하고 싶은 말을 쓰게 해보세요. 물론 엄마의 얼굴도 찍어서 붙이고 말풍선을 만들어 아이에게 하고 싶은 말을 적어봅니다. 그냥 접착 메모지에 적어서 하고 싶은 말을 전하는 것보다 훨씬 친근하고 호소력이 있습니다. 그리고 얼굴을 보고 말하는 느낌이 들어서 실제보다 더 오랜 시간을 함께하는 것 같은 착각도 일으킵니다. 그만큼 관계가 좋아지겠죠?

나눔 02 교육

# 검은툭눈금붕어

해마다 3월 2일이 되면 아이들에게 '검은툭눈금붕어(《산소처럼 소중한 정호승 동화집》에 수록)'라는 동화를 읽어줍니다. 붉은꽃잎금붕어 형제가 한 어항에 사는 검은툭눈금붕어에게 괴롭힘을 당하다 죽게 되고 그로 인해 검은툭눈금붕어도 죽게 된다는 내용입니다. 저는 중간까지 동화를 읽어주고 아이들은 이튿날 이어질 이야기를 상상해서 학교에 옵니다. 아이들이 상상해온 이야기를 다 듣고 난 뒤 그 다음 이야기를 읽어줍니다.

아이들이 상상해온 이야기를 들어보면 대충 그 아이의 성향을 파악할 수 있습니다. 뭔가 마음속에 불편한 것이 있는 아이는 이야기를 나쁜 방향으로 생각해옵니다. 하지만 마음속이 편안한 아이들은 붉은꽃잎금붕어 형제랑 검은툭눈금붕어가 함께 잘 사는 이야기를 상상해옵니다. 뒷이야기를 듣고는 맞장구를 치는 아이도 있고 실망

하는 아이도 있고 다양합니다. 그러고는 일주일 동안은 동화 내용에 푹 빠져 살아갑니다. 서로 붉은꽃잎금붕어처럼 다른 사람을 배려하는 사람이 되려고 노력합니다.

제가 이야기하지 않아도 아이들이 자신의 입으로 무엇이 옳고 무엇이 그른지를 말하게 됩니다. 선생님이 일방적으로 "앞으로 일 년 동안 우리 반은 이렇게 살아야 한다."라고 말할 필요가 없습니다. 자기들 스스로 그렇게 살아야 하지 않을까 생각합니다.

굳이 이 동화가 아니어도 상관없습니다. 선생님이 일 년 동안 나눔이라는 주제로 아이들과 만난다는 것을 느낄 수 있는 동화면 무엇이든 좋습니다. 아이들은 동화를 무척이나 좋아합니다. 저학년이건 고학년이건 상관이 없습니다. 동화 중에는 작가가 하고 싶은 이야기를 직접 전달하는 동화도 있지만, 요즘 나온 책들 가운데에는 드러내 이야기하기보다는 이야기를 듣고 한참 생각하다 보면 지은이의 생각을 깨닫게 되는 동화가 많습니다. 이런 동화를 읽어주면 아이들이 자연스럽게 나눔에 대해 생각하게 되고 나눔이란 것이 좋은 것이고 나에게 필요한 것이라는 점을 알게 됩니다.

# 나눔과 관련된 어린이책
(모든 학년에서 활용 가능함)

《개구리네 한솥밥》 보림 외
《까막눈 삼디기》 웅진주니어
《까만 네리노》 북뱅크
《까만 아기 양》 푸른그림책
《거짓말 같은 이야기》 시공주니어
《나누면 행복해요》 문학동네어린이
《나눔 대장》 북스토리아이
《내 귀는 짝짝이》 웅진주니어
《내 짝꿍 최영대》 재미마주
《내 친구 이크발》 영림카디널
《내 친구 지구를 지켜 줘!》 고래이야기
《내 탓이 아니야》 고래이야기
《내가 라면을 먹을 때》 고래이야기
《내겐 드레스 백 벌이 있어》 비룡소
《눈을 감고 느끼는 색깔여행》 고래이야기
《단추 수프》 국민서관
《뚱뚱이와 홀쭉이》 한솔교육
《레모네이드 천사》 토토북
《붕어빵 한 개》 푸른숲주니어
《빨간 줄무늬 바지》 보림
《산소처럼 소중한 정호승 동화집 1》 파랑새어린이

《세상에서 가장 아름다운 나눔》 계림닷컴
《심술도깨비 이히체크》 예림당
《아주 놀라운 생일 선물》 고래이야기
《어린이를 위한 나눔》 위즈덤하우스
《여섯 마리 까마귀》 마루벌
《영이의 비닐우산》 창비
《왜 나누어야 하나요?》 함께읽는책
《왜 도와야 하나요?》 함께읽는책
《우리 얘길 들려줄게》 디딤돌
《우리가 할 수 있는 것》 고래이야기
《으뜸 헤엄이》 마루벌
《적》 문학동네
《중요한 사실》 보림
《지하정원》 보림
《짧은 귀 토끼》 고래이야기
《짱뚱아 까치밥은 남겨 둬》 파랑새어린이
《친구를 모두 잃어버리는 방법》 보물창고
《쿠키 한 입의 인생 수업》 책읽는곰
《투발루에게 수영을 가르칠 걸 그랬어!》 미래아이
《파랑이와 노랑이》 물구나무
《풍풍이와 툴툴이》 시공주니어

 부모 가이드

# 나눔 관련 책을 읽으며
# 나눔도 배우고 책 읽는 습관도 익혀요

어려서는 책읽기를 좋아하는 아이들이 고학년만 되면 책읽기를 멀리합니다. 왜 그럴까요? 아이들이 보고 싶어하는 책을 보지 못하기 때문입니다. 아이들은 재미있는 책을 읽고 싶어하는데 부모님들은 학습에 도움이 되는 책만 읽으라고 합니다. 또 책 읽는 것에 조건을 다는 부모님이 많습니다.
"이번 주에 책 10권 읽으면 너 갖고 싶은 장난감 사줄게."
"엄마가 정해준 책 읽으면 만화책 읽게 해줄게."
아이들은 조건이 생기는 순간 책 읽는 것이 일이 됩니다. 그래서 재미없는 것으로 생각하고 읽기 싫어하게 됩니다.
책 읽는 습관을 들이는 데 가장 좋은 것은 부모님이 아이들과 함께 책을 사러 다니고 함께 읽는 것입니다. 최소한 한 달에 한 번은 아이들과 서점에 가서 아이들이 좋아하는 책과 부모님이 사주고 싶은 책을 한 권씩 사는 것입니다. 특히 나눔과 관련된 책을 사주고 함께 읽으면 나눔에 대한 생각은 물론 책 읽는 습관까지 만들어줄 수 있습니다.
나눔 관련 책을 한꺼번에 사주지 말고 한 달에 한 번 정도 사주고 함께 읽고 이야기하는 시간을 가지면 아이들은 그 시간을 기다립니다. 지식과 관련된 것이 아니라 나눔이라는 가치에 대해 이야기하니까 정답이 있는 것도 아니어서 편하게 이야기할 수 있습니다. 그리고 추천도서라고 무조건 사주지 말고 먼저 읽어보고 아이에게 맞는지 생각해본 다음 사주는 것이 좋습니다. 아예 '나눔 책장'을 만들어서 나눔 관련 책을 한 권 두 권 사 모으는 재미를 느껴보게 하는 것도 좋습니다.

나눔 03 교육

# 나눔 가치사전

《아름다운 가치사전》(한울림어린이)이라는 책이 있습니다. 이 책에 보면 다양한 상황을 예로 들어 여러 가치들의 정의를 내린 것이 나옵니다. 감사, 공평, 관용 등 아이들에게 어려운 다양한 가치들을 딱딱한 사전식 정의가 아니라 생활 속에서 나타나는 예를 들어가며 정의해놓은 책입니다.

예를 들면 다음과 같습니다.

"믿음이란, 자전거를 타러 가며 언니가 혼자만 앞서 가지 않을 거라고 생각하는 것."

"관용이란, 아버지가 콩나물국을 끓이다가 소금 대신 설탕을 잘못 알고 넣었을 때 엄마가 웃어넘기는 것."

"성실하다는 것은, 우유 배달부가 비가 오나 눈이 오나 늘 같은 시간에 우유를 갖다 놓는 것."

　　　　　　　　　　　－《아름다운 가치사전》 중에서

　아이들에게 이 책을 읽어주고 나눔에 대해 각자가 생각한 정의를 써보게 합니다. 그리고 아이들이 쓴 나눔에 대한 정의들을 모아서 나눔 가치사전을 만들게 합니다. 이때 '돌려쓰기'라는 글쓰기 방법을 이용합니다.

　먼저 A4 크기의 종이를 한 사람에 한 장씩 나눠줍니다. 그 종이를 긴 쪽으로 반으로 접어서 잘라 종이가 두 장이 되도록 합니다. 그 중 한 장은 책표지가 되고 나머지 한 장은 속지가 됩니다. 속지가 되는 한 장을 잘라 8조각의 속지를 만듭니다. 먼저 속지 한 장에 나눔에 대한 정의를 하나 적고 여러 번 접어서 조그맣게 만들어 끝부분에만 살짝 풀을 발라 표지의 안쪽에 붙입니다. 그리고 나서 속지가 한 장 붙어 있는 채로 옆 사람에게 돌립니다. 보통 한 모둠에 4명에서 6명이 되도록 하는데, 이런 식으로 속지에 나눔의 정의를 쓰고 붙인 뒤 옆으로 돌려서 자기 표지가 돌아올 때까지 합니다. 그러면 모둠원 수만큼의 속지가 붙어서 자기한테 돌아옵니다. 모둠원 수만큼의 나눔의 정의가 들어 있는 나눔 가치사전이 완성되는 것이죠. 돌려쓰기를 하면 좋은 점은 쓰다가 생각이 떠오르지 않을 때 다른 친구가 적은 정의를 보면 다시 여러 가지 생각들이 떠오르게 된다는 점입니다. 그리고 내가 쓴 글은 얼마 되지 않고 다른 사람이 쓴 글이 많기 때문에 발표하기가 쉬워집니다.

　나눔에 대한 정의를 쓸 때 추상적으로 쓰기가 쉬운데 되도록 구체

## 나눔 가치사전 만드는 법

❶ A4용지 1장을 준비한다.

❷ 세로로 반을 자른다.

❸ 반으로 자른 종이 중 1장을 다시 가로로 반을 자른다.

❹ 잘라진 종이를 다시 반의 반이 되도록 더 잘라 8장을 만든다.

❺ 자르지 않은 종이 반쪽을 가로로 길게 놓은 뒤 반으로 접는다.

❻ 왼쪽은 표지가 되고 오른쪽은 속지가 된다. 속지 한 장에 나눔의 정의를 하나 적고 여러 번 접은 다음, 끝부분에만 풀칠해 표지 안쪽에 붙인다.

❼ 같은 방식으로 나머지 속지 7장도 붙인다.

❽ 나눔 가치사전 완성.

적으로 쓰도록 유도해야 합니다. 나눔이란 '내가 가진 것을 다른 사람에게 주는 것'이라고 쓰기보다는 내가 가진 것을 다른 사람에게 주는 구체적인 상황을 적도록 지도하는 것입니다. 그러지 않으면 대부분 추상적이고 관념적인 정의들을 적게 됩니다.

다음은 2012년 한 초등학교 돌봄교실에서 초등학교 1학년 아이들이 쓴 나눔의 정의입니다.

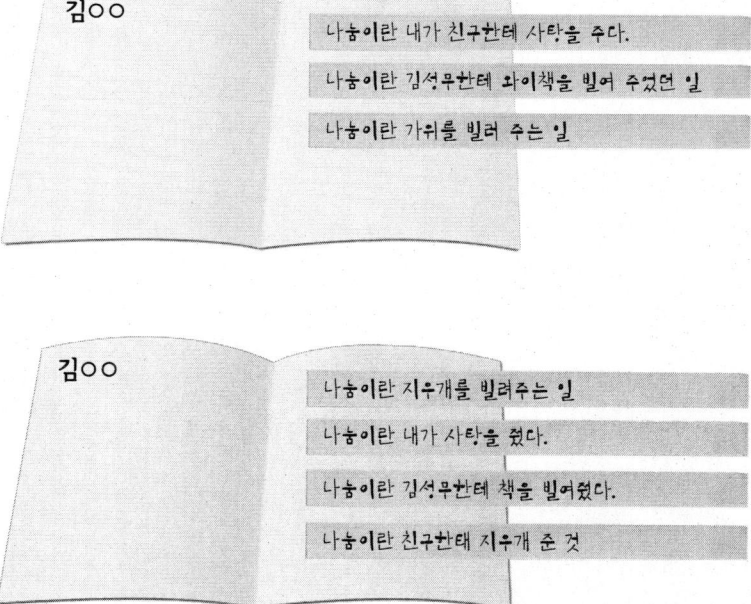

**김○○**

나눔이란 내가 손금민에게 수학책을 빌려줬다.

나눔이란 내가 스티커 주는 것

나눔이란 손금민한테 물티슈를 빌려줬던 것

나눔이란 색연필이나 사인펜 연필을 빌려주는 일

**엄○○**

나눔이란 교회에서 사탕나누는것

나눔이란 친구들을 빌려주는 일

나눔이란 내가 최보배한테 지우개를 주다.

나눔이란 내가 석우한테 작석불럭 양보했다.

**김○○**

나눔이란 이현이한테 와이책 빌려줬던 것

나눔이란 석우하태 연필을 빌리다

나눔이란 먹을거을 나너주는 일

나눔이란 내가 지원이한태 초코린슬 주다.

이번엔 2012년 교사연수에서 나온 정의들을 살펴보겠습니다.

**권○○**
- 나눔이란 인터넷 쇼핑을 할 때 내 것만 장바구니에 담지 않고 신랑 옷도 같이 넣어 선물하는 것
- 나눔이란 갑자기 깜빡이를 켜고 들어오는 차에게도 기다려주는 것
- 나눔이란 나와 다른 생각을 하는 사람의 말을 끝까지 들어주는 것
- 나눔이란 친구와 함께 봉사활동에 참여하는 것

**고○○**
- 나눔이란 내가 주고 싶은 것보다 상대방이 원하는 것을 주는 것
- 나눔이란 추운 겨울날 친구의 손을 잡아주는 것
- 나눔이란 오랜만에 만난 친구의 안부를 물어주는 것
- 나눔이란 슬퍼서 울 때 같이 울어주는 것
- 나눔이란 술을 마시지 못해도 술자리를 끝까지 지켜주는 것
- 나눔이란 좋은 책을 읽고 주변 사람들에게 권해주는 것

**변○○**
- 나눔이란 친구와 라볶이를 같이 먹을 때 계란 반쪽도 혼자 먹지 않고 반으로 나누어 먹는 것
- 나눔이란 내가 배운 계란찜 맛있게 만드는 방법을 계란찜을 좋아하는 이모네 알려주는 것
- 나눔이란 좋은 교육자료를 함께 하는 것이다.
- 나눔이란 우리 반 이야기를 옆반 선생님과 공유하는 것
- 나눔이란 피곤에 지칠 때 그 모습을 리얼하게 보여주지 않고 좀 더 생기있게 보여주는 것

나눔의 정의를 이렇게 친구들과 함께 나누다 보면 다양한 생각들을 할 수 있습니다. 나눔 가치사전과 같은 방식으로 만든 책을 '나눔북'이라고 이름 지어봤는데, 내 책 안에 내가 쓴 정의만 들어가 있는 것이 아니라 친구들의 정의도 들어가 있기 때문에 더 소중한 사전이 됩니다. 이처럼 나눔의 정의 하나를 생각하더라도 나눔의 방법으로 생각하면 진정한 나눔에 대해 더 많이 생각할 수 있습니다. 나눔북은 나눔 가치사전을 만들 때뿐 아니라 다른 경우에도 활용할 수 있습니다. 같은 반 친구가 전학을 가면 친구들이 한 마디씩 써서 한 권의 책으로 만들어 선물할 수도 있고, 생일날 생일책으로 만들어줄 수도 있습니다. 수업시간에는 어떤 개념에 대한 정의들을 써서 정리할 수도 있습니다.

 부모 가이드

# 우리 가족의
# 나눔 가치사전을 만들어보세요!

집에서도 충분히 나눔 가치사전을 만들 수 있습니다. 집에서 만들게 되면 가족 나눔 가치사전이 될 것입니다. 아이까지 가족이 세 명일 경우 한 사람이 정의를 두 가지씩 쓴다면 모두 속지가 6장인 나눔 가치사전을 만들 수 있습니다. 가족이 많으면 더 풍성한 사전이 되겠지요. 또한 다른 가족이나 친척들이 놀러 왔을 때 만들면 더 많은 정의가 들어 있는 나눔 가치사전이 될 것입니다.

나눔뿐 아니라 다른 가치도 적어서 정리하면 좋습니다. 아이에게 부족한 가치를 적으면서 자연스럽게 아이에게 필요한 것이 무엇인지 알려줄 수도 있습니다. 예를 들면 양보가 부족한 아이에게 양보 가치사전을 만들자고 하고 양보를 구체적으로 정의해보면서 아이의 입에서 양보에 대한 개념을 말하게 할 수 있습니다. 이런 활동을 자주 하면 아이는 자기도 모르게 그 가치에 대한 생각을 하게 되고, 그러면서 조금씩 그 가치에 대한 거부감이 사라지게 됩니다.

나눔 **04** 교육

# 우리가 할 수 있는 것

우리가 나눔을 어렵다고 생각하는 까닭 가운데 하나는 자신이 눈에 보이는 뭔가를 가지고 있지 못하다고 생각하기 때문입니다. 설령 가지고 있다고 해도 그것이 다른 사람들이 보기에 보잘것없다고 느껴지면 사람들과 쉽게 나누지 못합니다.

그렇다면 정말 뭔가를 가지고 있어야만 나눌 수 있는 것일까요? 내가 가진 것이 아무것도 없다면 무엇을 나눌 수 있을까요? 특히 아무것도 없다고 만날 투덜대는 우리 아이들에게 이는 중요한 문제가 아닐 수 없습니다. 어른들이 뭔가를 주지 않으면 아무것도 나눌 것이 없다고 생각하는 아이들에게 아주 중요한 고민입니다.

작년 4월 저는 태어나서 처음으로 유치원이란 곳에 갈 일이 생겼습니다. 유치원에서 할 수 있는 나눔교육을 선생님들께 강의해 달라고 해서 가게 된 것이었습니다. 사실 제가 어릴 때는 유치원이라는 것이 별로 없었을뿐더러 흔히 유치원은 돈 많은 집 아이들이나 다니는 특별한 곳이라 생각했습니다. 제 주위에는 유치원에 다니는 친구를 찾아보기가 힘들었습니다. 그래서 유치원에 대한 이야기를 들어 본 적이 없었습니다. 당연히 유치원이 어떻게 생겼는지 알 수가 없었고 유치원에서 무엇을 하는지도 알 수 없었습니다. 그래서 무척 설레는 마음으로 유치원을 찾아갔습니다.

선생님의 안내로 유치원을 둘러보게 되었는데 보이는 모든 것이 무척이나 신기했습니다. 복도가 구불구불해서 어디가 어딘지 알 수 없는 것은 물론이고 제가 근무하는 초등학교와는 다른 것이 많아 어리둥절했습니다. 가장 신기한 것은 교실 모습이었습니다. 전체 모양은 사각형이었지만 실내 구성이 아기자기해서 그런지 사각형이라는 느낌이 전혀 들지 않았습니다. 오히려 약간 둥글다는 느낌마저 받았습니다. 모퉁이마다 책상과 교구들이 있고 천장에 자리를 안내하는 표지들이 달려 있어서 교실이라기보다 아늑한 집 같았습니다.

유치원에 가면서 유치원 아이들에게 맞는 프로그램을 하나 준비해 갔습니다. 유치원 아이들이라 글을 제대로 아는 것도 아니고 재미도 있어야 하기에 아이들과 몸으로 할 수 있는 활동을 생각했습니다. 그 중 하나가 바로 '우리가 할 수 있는 것'이라는 활동이었습니다. 내가 가진 것 없이도 할 수 있는 나눔활동 말입니다.

《우리가 할 수 있는 것》(고래이야기)이라는 책이 있습니다. 이 책을 이용해서 몸으로 할 수 있는 나눔에 대해 생각해보는 수업을 할 수 있습니다. 먼저 책을 읽어주면서 몸의 한 부분마다 아이들에게 질문을 합니다. "눈으로, 귀로, 손으로, 발로 할 수 있는 나눔에는 어떤 것이 있을까요?"라고요. 아이들의 생각을 조금씩 들어본 뒤 사람 그림이 있는 활동지를 나눠주고 몸의 한 부분이나 여러 부분에 하트 스티커를 붙이고 그 부분으로 할 수 있는 나눔을 얘기하거나 써보게 하는 것입니다.

유치원에서 연수를 마치고 교실에서 실제로 수업을 해봤습니다. 그랬더니 아이들에게서 다양한 나눔방법들이 나왔습니다. 생각보다 많은 이야기들이 나왔고 어떤 것은 제가 생각지도 못한 것들이었습니다.

"없어진 물건을 찾아줄 수 있다. 같이 걸어줄 수 있다. 친구 발표를 들을 수 있다. 친구의 의견에 손뼉 쳐줄 수 있다. 친구를 칭찬할 수 있다. 고운 말을 할 수 있다. 외로운 친구와 친구가 되자고 말할 수 있다. 슬픈 친구를 달래줄 수 있다."

아이들은 평소 선생님이 하고 싶은 말을 자기들의 입으로 말합니다. 주변에서 누구나 할 수 있는 나눔을 참으로 잘 찾아냅니다. 돈으로는 할 수 없는 정말 소중하고 값진 나눔들입니다.

이처럼 돈이나 재능이 있어야만 나누는 것이 아니라 우리 몸만으로도 충분히 나눌 수 있습니다. 그리고 아이들끼리 이렇게 자신이 할 수 있는 것들을 생각하다 보면 나눔에 대한 생각들이 조금씩 더 커나가게 됩니다.

# 아이들이 생각한 '우리가 할 수 있는 것'

**눈**
- 시각장애인의 눈이 되어줄 수 있다.
- 시각장애인에게 파란불을 알려줄 수 있다.
- 없어진 물건을 찾아줄 수 있다.
- 시각장애인에게 공연 내용을 말해줄 수 있다.
- 장애인이 죽으려고 할 때 눈으로 장애인을 봐서 구해준다.

**귀**
- 친구 발표를 들을 수 있다.
- 벨을 내가 듣고 알려줄 수 있다.
- 만약 누가 노크를 하는데 청각장애인이 소리를 못 들을 때 노크를 한다고 알려줄 수 있다.

**손**
- 물건을 들어줄 수 있다.
- 악수를 할 수 있다.
- 친구의 의견에 손뼉 쳐줄 수 있다.

**발**
- 같이 걸어줄 수 있다.
- 친구를 업고 집까지 데려다 줄 수 있다.

**입**
- 친구를 칭찬할 수 있다.
- 외로운 사람에게 위로를 할 수 있다.
- 배부른 사람에게 음식을 대신 먹어줄 수 있다.
- 고운 말을 할 수 있다.
- 엄마와 입맞춤을 할 수 있다.
- 친구와 이야기를 나눌 수 있다.
- 외로운 친구와 친구가 되자고 말할 수 있다.
- 슬픈 친구를 달래줄 수 있다.
- 친구에게 기쁜 소식을 전할 수 있다.

 부모 가이드

# 몸으로 할 수 있는 나눔을
# 가족끼리 직접 실천해보세요

집에서는 아이와 함께 더 자세히 이야기할 수 있습니다. 그리고 실제 몸으로 나눔을 해볼 수 있습니다. 예를 들어 입으로 할 수 있는 나눔으로 엄마와 뽀뽀하기가 나오면 그 자리에서 엄마와 뽀뽀를 해볼 수 있습니다. 손으로 할 수 있는 나눔에 엄마일 돕기가 있으면 바로 엄마의 일을 돕게 할 수 있습니다. 이런 식으로 집에서 몸으로 엄마 아빠와 할 수 있는 나눔이 무엇이 있는지 이야기하면 됩니다. 학교에서는 주로 친구들과의 나눔을 생각하게 되지만 집에서는 자연스럽게 부모님과 할 수 있는 나눔을 생각하게 됩니다. 그리고 형제가 있으면 형제와의 나눔도 생각해볼 수 있습니다. 평소 서로 많이 다툰다면 이런 활동을 통해서 몸으로 서로에게 나눌 방법을 생각해볼 수 있게 합니다.

# 4장

나부터 **행복**해야 **나눌** 수 있어요

저소득층 아이들을 대상으로 나눔교육을 나가보면 수업이 전혀 안 되는 경우가 많습니다. 어떤 수업을 해도 반응이 전혀 없어서이지요. 그저 자기가 하고 싶은 것을 하거나 멍하니 앉아 있는 경우가 많습니다. 그 까닭을 생각해보면 태어나서 지금까지 도움만 받아온 아이들이라서 자기가 남을 도울 수 있는 존재라는 사실을 인정하지 못하는 때문입니다. 자존감이 매우 낮은 아이들입니다. 수업이 시작되면 아이들이 이런 질문을 가장 먼저 합니다.

"선생님, 오늘 뭐 주실 거예요?"

수업에는 관심이 없고 제가 수업 끝나고 간식이나 선물을 줄 것인지 말 것인지에만 관심을 가집니다. 뭔가 주면 수업하는 척하고 그렇지 않으면 아무것도 안 하겠다는 것입니다. 뭔가를 받기 위해 조건을 거는 것입니다. 받는 것에 너무나도 익숙해져 버렸습니다. 아마도 어른들이 자기가 하고 싶은 것을 편히 하려고 길들인 결과일지도 모릅니다.

제가 아무것도 주지 않는다고 말하면 "에이~" 하면서 서운해합니다. 하지만 그때뿐입니다. 수업이 끝나고 나눔에 대해 조금 알게 되면 무엇을 받을 것인지에 대한 생각은 뒤로 하고, 자기보다 더 불쌍한 아이들이 있다는 것에 놀랍니다. 그러면서 자기도 누군가를 도울 수 있지 않을까라는 생각을 하게 됩니다.

"성민(가명)아, 너는 왜 그렇게 쉬지 않고 떠드니?"
"전 원래 떠드는 아이예요."
"뭐라고? 원래 떠드는 아이가 어디 있어. 누가 그런 말을 하던?"
"저희 엄마가요. 엄마가 저는 태어나면서부터 떠들었대요."

작년에 어느 결식아동 급식소에서 나눔교육을 하면서 들은 말입니다. 성민이는 작년에 1학년이었습니다. 성민이 머릿속에는 엄마한테 어려서부터 들은 말이 박혀 있었습니다.

'너는 원래 나쁜 아이야. 그래서 너는 아무것도 할 수 없어.'

성민이가 과연 아무것도 할 수 없는 그런 아이였을까요? 그렇지 않았습니다. 생각을 조금만 바꾸면 뭐든 할 수 있는 아이였습니다. 하지만 어머니에게서 들은, 또는 선생님께 들은 말 한 마디로 인해 자신은 원래 아무것도 할 수 없는 사람이라고 생각합니다. 그런 아이에게 나눔교육이라는 것은 아무런 의미도 없습니다.

이런 아이들에게 가장 필요한 교육은 '자존감 살리기'입니다. 어려서부터 받기만 하고 부모나 어른들에게서 외면당하면서 한없이 낮아진 자존감을 되살려야 나눔을 할 수 있는 여유가 생깁니다. 나도 나눌 수 있는 존재라는 생각이 들어야 나눔이 가능합니다.

교실에서의 상황도 크게 다르지 않습니다. 일 년 동안 나눔교육 활동을 해보면 자존감이 떨어져 있어서 쉽게 활동에 참여하지 못하는 아이들이 의외로 많습니다. 해마다 2학기에 하는 활동 중에 '듣고 싶은 말 베스트 5와 듣기 싫은 말 베스트 5'를 뽑는 활동이 있습니다. 이때 아이들은 자기가 듣고 싶은 말과 듣기 싫은 말을 숨김없이 씁니다. 특히 부모에게서 듣고 싶은 말과 듣기 싫은 말이 많은데, 듣고 싶은 말은 주로 칭찬이고 듣기 싫은 말은 주로 욕과 자기를 무시하는 말입니다. 평소 교양 있어 보이는 어머니가 아이에게 온갖 심한 욕과 아이를 무시하는 말을 자주 한다는 것을 알게 되면 정말 어떻게 해야 할지 모를 때가 많습니다. 《8살 이전의 자존감이 평생 행복을 결정한다》(팝콘북스)라는 책에 보면 그런 아이들은 학교에 입학하기 전에 이미 자존감이 구겨질 대로 구겨진다고 합니다. 그래서 아이들은 항상 부모가 자기를 버릴까 봐 불안해서 나름의 방어기제를 만든다고 합니다. 그 방어기제가 부모에게 배운 욕이나 폭력입니다. 학교에 가면 이 방어기제를 이용해서 친구들을 상대하고 조정합니다. 그러다 보니 다른 아이들과 교우관계를 제대로 만들 수가 없습니다. 그런 아이들에게 나눔교육은 그저 형식적인 행사일 뿐입니다. 나와는 관계가 별로 없는 그런 행사인 것입니다. 그래서 아이들에게는 나눔교육 이전에 자존감을 살리는 교육이 필요합니다.

경제적으로 어렵다는 것이 문제가 아니라 가정에서 아이들의 자존감이 낮아진 것이 문제입니다. 돈이 없는 아이에게는 다른 방법으로 나누는 것이 가능하지만 자존감이 없는 아이에게는 나눔 자체가 불가능합니다. 경제적으로 어려운 가정의 경우 아이들의 자존감이 낮아질 확률이 좀 더 높을 뿐입니다. 가정에서 낮아진 자존감을 학교에서라도 높여주어야 합니다. 그러지 않으면 아이들의 낮아진 자존감을 다시 높이기 힘듭니다. 자기 자신을 꼭꼭 닫고 맙니다. 그렇게 닫힌 문을 열지 못하면 아이들은 다른 사람과 소통하려고 하지 않습니다. 당연히 나눔이라는 것은 남의 일이 되고 맙니다. 이런 아이들에게 나눔은 교육을 통해서라도 필요한 것입니다. 현장에 나가서 교육을 해보면, 몰라서 못 하지 알게 되면 자기 자신이 얼마나 중요한 존재인지도 알게 되고, '나도 나눌 수 있는 존재다'라는 것을 정말 쉽게 느끼는 걸 보게 됩니다. 그래서 자기가 할 수 있는 것을 찾아서 나눔활동을 합니다.

가정에서 나눔교육을 할 때도 반드시 사전에 자존감 살리기를 하는 것이 중요합니다. 가끔 이런 부모들도 있습니다. 애써 찾아가서 뭔가를 배우고는 아이에게 가르쳐보지만 잘 되지 않습니다. 그러면 이렇게 이야기합니다.

"엄마가 얼마나 힘들게 배워온 건지 알아? 왜 안 하는 거야? 도대체 너는 왜 그러니?"

어머니가 힘들게 배워온 목적이 뭘까요? 아이가 그것을 모두 흡수할 거라는 확신이 있는 걸까요? 아이들은 자기에게 맞지 않으면 하기 싫어합니다. 나눔교육도 마찬가지입니다. 어머니가 힘들여 오셔서 뭔가를 배워가더라도 아이와 맞지 않으면 아이로서는 하기 싫은 것입니다. 특히 아이가 자존감이 떨어져 있는 상태에서 무조건 좋은 거니까 해보라는 것은 아이의 자존감을 더욱 떨어뜨리는 행동입니다. 먼저 아이에게 이런 활동이 있는데 해볼지 말지를 물어보는 게 아이를 존중하는 것입니다. 세상에 무조건 좋은 것은 없습니다.

특히 부모에게 무시당할 대로 당한 아이의 경우 부모가 아무리 좋은 거라고 하면서 시켜도, 부모가 주는 것이라면 무조건 싫은 것입니다. 그러니 우선 아이와 존중하는 관계를 만들고 나서 적용해야 순서가 맞습니다. 아이들의 자존감은 부모가 만드는 것입니다.

그리고 무조건 칭찬을 하면 아이의 자존감이 올라갈 거라고 생각하는 것도 잘못입니다. 아이가 노력하는 것을 칭찬해야지 결과나 아이의 존재 자체를 칭찬하면 아이에게 큰 부담을 줄 뿐입니다. 아이가 심부름을 잘하고 왔으면 심부름 잘한 것을 칭찬해야 하는데 대부분의 부모들은 아이가 똑똑하다느니 착하다느니 하면서 아이의 존재에 대한 칭찬을 합니다. 그러면 아이는 자기를 착한 아이라고 규정하기 때문에 다음에도 착한 아이라 칭찬받기 위해 수단과 방법을 가리지 않게 되고 결국 그것이 큰 부담이 됩니다. 되도록 아이가 노력하는 것에 칭찬을 해서 아이가 꾸준히 노력하게 해주는 것이 좋습니다.

나눔 **01** 교육

# 친구 얼굴 그리기

"선생님 수연(가명)이가 우리 반에서 그림을 제일 잘 그려요."

모든 아이들이 우리 반에서 수연이가 그림을 가장 잘 그린다고 합니다.

"왜 수연이가 그림을 가장 잘 그리니?"

"수연이는 미술학원을 3년이나 다녔어요."

아이들이 수연이가 그림을 잘 그리는 까닭을 말하는데 저는 어이가 없었습니다. 단지 미술학원을 가장 오래 다녔고, 미술학원 선생님의 지도를 가장 많이 받았으니까 그림을 잘 그린다고 하는 것 말고는 다른 까닭이 없었습니다. 실제로 수연이의 그림을 보면 기교는 뛰어납니다. 하지만 그림은 기교만으로 평가할 수 없는 것입니다. 그 사람의 생각을 얼마나 잘 표현했는지가 중요합니다.

아이들은 외적인 요소로 다른 사람을 평가하고 스스로도 평가받는 것에 너무나도 익숙해져버렸습니다. 그런 상황에서 스스로 자존감을 지키기는 힘이 듭니다. 다른 사람들의 평가에 따라 자존감이 올라가기도 하고 내려가기도 합니다. 아이들에게는 너무나도 힘든 일입니다.

  학년 초에 아이들을 만나면 다른 사람의 평가에 신경 쓰지 않아도 되는 방법으로 그림을 그려보게 합니다. 그동안 의지했던 눈의 감각을 빼고 그림을 그리게 합니다. 그리려고 하는 대상만을 보면서 그리게 하는 것입니다. 절대 그림을 그리고 있는 손을 보지 않게 합니다. 그러면 그리고 있는 그림을 보지 않은 상태에서 손의 감각만으로 그림을 그리게 됩니다. 손의 감각만으로 그림을 그리면 어떤 그림이 될까요? 대상을 정교하게 그리기 어렵게 됩니다. 누가 봐도 추상화에 가깝습니다.

2012년 친구 얼굴 그리기 작품

이때 짝꿍의 얼굴을 그리게 합니다. 손을 절대 보지 않고 짝꿍의 얼굴만을 보면서 그리게 합니다. 짝꿍의 얼굴을 제대로 그릴 수 있을까요? 절대 예쁜 그림은 나오지 않습니다. 하지만 짝꿍의 얼굴과 닮아 있습니다. 학원에서 배운 기교는 부리려 해도 부릴 수 없습니다. 누구나 평등한 그림이 나옵니다. 친구의 얼굴이 예쁘거나 예쁘지 않거나 모두 이상한 형태의 얼굴이 나옵니다. 모두가 이상한 그림을 그렸기 때문에 누구도 이상한 그림이라고 놀릴 수 없습니다. 그저 친구의 얼굴을 유심히 관찰한 것뿐입니다. 친구의 얼굴이 이상하다고 말할 수도 없습니다.

평소 얼굴 때문에 속상했던 아이들도, 그림을 잘 못 그린다고 속상했던 아이들도, 부끄럼이 많아서 친구의 얼굴을 유심히 볼 수 없었던 아이들도 모두 모두 신경 쓰지 않고 짝꿍의 얼굴을 뚫어지게 쳐다보면서 자기만의 그림을 그릴 수가 있습니다. 그러면서 자연스럽게 발표도 할 수 있습니다. 누구도 놀릴 수 없으니까요.

그림을 다 그린 뒤 짝과 서로 자기소개를 하면서 짝이 소개하는 내용을 그림 뒤에 적게 합니다. 그러고는 자기소개가 아닌 짝꿍 소개를, 짝꿍을 그린 그림을 들고 발표합니다. 이상하게 생기기는 했지만 친구의 얼굴을 열심히 그린 것이기에 자신 있게 발표할 수 있습니다. 이러면서 친구들의 평가에 신경 쓰지 않고 발표를 할 수 있게 됩니다.

자존감은 큰 것을 살려준다고 사는 것이 아닙니다. 별것 아니지만 아이들에게 모두가 평등하다는 것만 알게 해줘도 자존감은 크게 살아납니다. 세상에 많은 사람들이 살고 있는데 나는 그들과 평등하다는 생각 하나가 중요한 것입니다. 집에서는 그런 대우를 받지 못했기 때문에 이러한 생각이 더욱 필요합니다. 그 시작이 외모의 평등입니다. 예쁘거나 잘생긴 아이는 문제가 없지만 그렇지 않은 아이들은 집에서부터 외모로 평가받고 자존감이 심하게 구겨집니다. 외모 때문에 아이들 앞에서 자신 없고 주눅 들어 있습니다. 친구 얼굴 그리기를 통해 그런 자존감을 조금만 살려줘도 아이는 달라집니다. 외모는 결국 사회가 만들어낸 평가 기준이니까요. 학교에서 그런 기준을 다르게 만들어주면 문제가 많이 해결되는 걸 볼 수 있습니다. 뒤에 나오는 '뚱뚱이와 홀쭉이'도 비슷한 의미의 활동입니다. 서로의 다름을 인정하고 평등하게 만드는 것입니다.

학년 초 아이들끼리 놀리는 가장 큰 원인이 바로 외모 문제입니다. 뚱뚱하면 돼지, 마르면 막대기, 눈이 작으면 실눈이, 키가 작으면 난쟁이, 얼굴이 못 생기면 괴물이 됩니다. 정말 유치하지만 서로를 잘 모르는 상태에서 상대에게 심한 상처를 줄 수 있는 말이라는 것을 아이들은 잘 압니다. 집에서 그렇게들 공격을 당했으니까요.

아이들 사이에서 외모에 대한 자존감을 살려줘야만 다른 자존감도 살릴 수 있게 됩니다. 외모는 내가 가지고 싶어서 가지고 태어난 게 아니니까요. 그것을 깨닫는 순간 다른 것들도 깨닫게 됩니다. 자기 집이 못 사는 것, 엄마가 없다는 것 등 자기 의지로 그렇게 된 것이 아닌 일로 주눅 들거나 기죽어 살 필요가 없다는 것을요.

 부모 가이드

# 아이의 자존감을 살려주려면
# 부모부터 자존감을 올려보세요

집에서도 마찬가지로 아이와 서로의 얼굴을 그려보면서 자신의 외모가 그리 나쁘지 않으며 그 때문에 자존감이 떨어질 필요가 없다는 점을 서로 이야기해보면 좋습니다. 그러려면 우선 부모가 자존감이 높아야 합니다. 113쪽에 소개하는 자존감 관련 책들을 미리 읽고 자신의 자존감을 점검해볼 필요가 있습니다. 나눔교육을 공부하면서, 자존감과 관련된 책을 읽으면서 저는 지난날의 저의 모습을 반성하며 눈물도 많이 흘렸습니다.
'내가 그동안 쓸데없는 고민을 많이 했구나.'
'내가 그동안 나 자신에 대해 너무 몰랐구나.'
자존감과 자아효능감에 대한 개념이라든가, 사람들과 관계 맺을 때 순위매기기를 한다든가 하는 새로운 사실들을 알게 되었고 많은 충격을 받았습니다.
'그래서 이런저런 실수들을 많이 했고 쉽게 포기하는 일이 많았구나.'
아이들에게 자존감을 살려주려면 우선 부모님부터 자존감을 올려보세요.

나눔 **02** 교육

# 실수 데이

    작년부터 우리 반에서는 '실수 데이'라는 것을 운영합니다. 매주 월요일은 실수를 해도 인정하고 용서하는 것입니다. 아이들은 처음에는 믿지 못하고 의심합니다. 정말 그럴까, 라고요. 하지만 진짜로 월요일에 아이들이 실수를 했을 때 제가 인정하고 용서도 하고 심지어는 칭찬까지 하는 것을 보고는 믿게 됐습니다. 그 뒤로 아이들은 실수하는 것을 두려워하지 않습니다.

    실수 데이는 우연히 시작되었습니다. 작년 학기 초에 한 학부모님이 상담을 하러 오셔서 아이가 발표를 잘 못 하는데 좋은 방법이 없겠느냐고 했습니다. 상담 오신 학부모의 아이는 여자아이였는데 대부분의 여자아이들이 학기 초에 발표를 잘 못 합니다. 제가 남교사인 점도 있지만 발표를 했을 때 실수하면 창피하니까 발표를 잘 못 합니다. 그래서 어떻게 하면 발표를 잘하게 할 수 있을까 고민하다가 실수 데이를 생각하게 됐습니다. 먼저 아이들에게 매주 월요일은 실수 데이로 하자고 제안했습니다. 아이들이 실수 데이가 뭐냐고 물었습니다. 실수 데이는 실수를 해도 괜찮고 실수를 많이 하면 오히려 칭찬을 받는 날이라고 했습니다. 실제로 월요일엔 그렇게 했고 아이들은 제 의도를 알고 마구마구 발표하기 시작했습니다. 틀린 답을 말해도 칭찬했습니다. 아이들은 정말 발표를 매우 열심히 했습니다. 발표를 시켜주지 않으면 화를 낼 정도로 열심히 했습니다. 그것이 수업시간뿐 아니라 쉬는 시간이나 점심시간까지 이어졌습니다. 친구가 실수로 자기를 쳐도 월요일만큼은 용서를 하기로 했습니다.

그 뒤로 몇 가지 긍정적인 변화가 생겼습니다. 우선 아이들이 발표를 정말 잘했습니다. 두 번째는 제가 실수를 인정하고 용서하니까 자신들도 친구들의 실수를 인정하고 용서하는 여유가 생겼습니다. 나름 자존감이 조금은 올라간 것입니다. 자존감이 낮은 사람일수록 자신의 실수뿐 아니라 절대 남의 실수를 용서하지 않거든요. 아이들끼리 서로 실수를 인정하고 용서하는 분위기가 되다 보니 서로에 대한 경계심이 많이 사라지게 되었습니다. 평소 상대에게 실수할까 봐 하지 못했던 행동들도 자연스럽게 하게 되고, 그러면서 더욱 친해지게 됩니다.

아이들이 실수 데이의 효과를 인정해서인지 어느 날 수업시간에 실수 데이 말고 다른 것들도 하자는 제안이 나왔습니다. 그래서 함께 의논해서 나온 것이, 화요일은 사과 데이, 수요일은 용서 데이, 목요일은 나눔 데이, 금요일은 배려 데이입니다. 아이들이 이야기한 것이니 아이들이 스스로 지키려고 노력하는 것은 당연한 일일 것입니다. 저는 그 뒤로 아이들이 다투거나 하면 칠판을 가리키면서 오늘이 무슨 날인지만 말합니다. 월요일이면 실수한 것이니 서로 사과하고 용서해주고, 화요일이면 사과하면 모든 것이 다 용서가 되고, 수요일은 용서가 넘치는 날이고, 목요일은 나눔이 넘치고, 금요일은 배려가 넘쳤습니다. 물론 이것을 이용하는 아이도 있을 수 있지만 실수와 고의는 구별하자고 말하면서 나쁘게 이용하려는 의도를 사전에 막았습니다.

아이들은 사소한 실수 때문에 다투고 절교하는 경우가 많습니다. 하지만 실수를 인정하는 분위기에서는 다릅니다. 실수를 인정하는 순간 서로에 대한 존중이 자연스럽게 이뤄집니다. 서로를 존중하는데 사과 못 할 일이 어디 있고 용서 못 할 일이 어디 있겠습니까. 아이들은 서로 나누고 싶고 서로 친해지고 싶은데 그 방법을 모를 때가 많습니다. 실수 데이를 통해서 그런 방법들을 찾을 수 있는 기회를 만들어주었을 뿐입니다. 아이들은 그 기회를 놓치지 않고 열심히 서로를 알아가고 친해져 가는 가운데 저마다 자존감이 높아만 갑니다.

 부모 가이드

# 가족끼리 서로 사과하고 용서하는
# 분위기를 만들어보세요

집에서도 실수 데이를 해보세요. 집에서야말로 정말 실수 데이가 필요합니다. 부모들이 아이들에게 가장 못 하는 것이 실수에 대한 용서입니다. 또한 부모 자신이 실수한 일에 대해서는 인정하거나 사과하지 못하는 때가 많습니다. 그걸 보고 아이들은 실수는 인정해서도 안 되고 사과하거나 용서해서는 안 된다고 자연스럽게 배우는 것입니다. 이렇게 배운 아이들이 학교에 가서 관계 맺기를 제대로 할 리가 없습니다. 어려서부터 부모가 제대로 알려줘야만 아이도 자존감을 스스로 높일 수 있습니다. 실수를 용납하지 못하는 부모의 아이일수록 강박증에 걸려 있는 경우가 많습니다. 친구의 실수를 절대 용서하지 못하는 것입니다.

실수 데이는 부모의 실천이 먼저 되어야 합니다. 함께 정하고 함께 지키면서 서로에 대해 사과하고 용서하는 분위기를 만들어야 자연스럽게 할 수 있습니다. 그리고 잊어버리지 않도록 벽에 써서 붙이는 것도 중요합니다. 그러지 않으면 잊어버리고 욱하는 상황이 벌어지기 쉽습니다. 요일별로 아이와 상의해서 종이에 써서 붙여놓으면 욱하다가도 참고, 인정하고 사과하고 용서하게 됩니다.

나눔 03 교육

# 백만 가지 감자이야기

"자 모둠에서 한 명씩 나와서 감자 하나를 골라 가세요."

아이들이 나와서 감자를 하나씩 골라서 가지고 들어갑니다.

"자기 모둠이 고른 감자의 특징을 다섯 가지 생각해보고 적어보세요."

아이들은 감자를 유심히 살펴보고 다양한 특징을 이야기합니다.

"여기 불룩 튀어나온 건 혹 같아."

"여기 움푹 들어간 건 주름 같아."

"전체적인 모양이 누구 얼굴 같아."

"푸르스름한 건 어디서 맞은 것 같아."

이렇게 여러 가지 특징들을 이야기합니다.

"그럼 이제부터는 감자의 특징을 살려서 감자의 인생이야기를 만들어보세요."

아이들은 자기의 관점에서 다양한 인생이야기를 만듭니다.

박수민

동광초등학교에 고슴돌이라는 남자아이가 있었어요. 고슴돌이는 아직 2살밖에 되지 않았지만 재미있게 살았어요. 그런데 어느 날 고슴돌이를 사람이 사 갔어요. 고슴돌이는 무서웠지만 친구가 착해서 괜찮았어요.

장지윤

생글이는 기름진 시골 땅에서 태어났어요. 그런 후 시골에서 많은 걸 보고 시골을 떠났어요. 그런 뒤 마트에서 사람들에게 많은 인기를 독차지하였습니다.

장선경, 홍용빈, 이승민, 임지윤

우리 천사감자는 똑똑해요. 그리고 천사감자는 물을 좋아하고 5살이에요. 잘하는 것은 달리기예요. 천사감자는 지금까지 열심히 자랐어요. 그리고 천사감자는 어렸을 때 엄마랑 단둘이 살았어요. 아빠는 늙으셔서 돌아가셨기 때문이에요. 지금 천사감자는 여행을 하고 있답니다.

이태양, 이세인, 김현민, 양성빈

우리 모둠의 감자의 이름은 울퉁이입니다. 나이는 3살입니다. 태어난 곳은 숲이고 사는 곳은 우리 2-3 교실입니다. 하는 일은 구르기고 좋아하는 것은 물입니다. 잘하는 것은 글쓰기입니다. 그리고 마지막으로 우리 감자이야기를 마치겠습니다.

김성재, 백지우, 이건, 김도연

내 생각에는 감자가 땅에서 태어나고 마트에서 사왔기 때문이다. 감자의 생활을 땅에서 물먹다가 흙이 없어서 죽어버리고 사람이 돈 낭비하고 샀다. 감자 나를 먹어주라면서 울었다. 하지만 사람은 썩어서 먹지 않았다. 감자는 그냥 늙어서 인생은 없어져 버렸다. 감자야 잘 가.

현민재, 조하은, 유수민, 김준엽

지금 나는 감자가 되기 전이다. 농부가 나에게 물을 주었다. 그래서 나는 꿀꺽꿀꺽 맛있게 마셨다. 그런데 어느 날 나는 감자가 되어 있었다. 농부 아저씨가 더 많이 자라야 한다고 물을 많이 주셨다. 아마도 이제 어른이 된 것 같았다. 이제 사람들에게 영양을 많이 주겠지?

임유진, 허진성, 송태수, 권현서

까칠이는 땅속마을에서 태어났습니다. 얼마 후 비닐하우스에서 나가서 시장으로 가게 되었습니다. 며칠 후 동광초등학교 2-3반 선생님께 팔렸습니다. 그래서 2-3반 아이들에게 갔습니다. 그러다가 관찰하여 쓰기 모델이 되었습니다.

이병철, 한주석, 정이수, 이다인

감자 이름은 감자보트입니다. 감자보트의 감자는 처음에 아주 작은 씨였습니다. 점점 커지다 보면 비닐하우스에 가게 됩니다. 다 크면 사람들이 와서 뽑아갑니다.

얼핏 비슷해 보이는 감자를 가지고 나름 재미있는 이야기들을 만듭니다. 감자이야기를 듣는 동안 감자를 친구처럼 생각하기도 합니다. 감자이야기를 다 듣고는 감자를 다시 걷습니다. 그리고 며칠이 지난 뒤에 감자를 다시 꺼내서 자기 모둠의 감자를 찾아가게 합니다. 과연 몇 모둠이나 감자를 제대로 찾아갈까요? 신기하게도 아이들은 자기들의 감자를 모두 잘 찾아갑니다. 한 시간 동안 감자의 특징을 찾고 그 특징으로 감자이야기를 만들면서 감자를 자세히 살펴본 때문입니다. 이때 아이들에게 이런 이야기를 해줍니다.

"감자와 같이 하찮은 물건도 특징을 찾고 인생이야기를 만들면서 오랜 시간 관찰하는 동안 우리에겐 소중한 존재가 되었습니다. 처음엔 비슷비슷한 감자였지만 나중엔 우리만의 감자가 되었습니다. 일주일이 지났지만 그때의 소중함이 남아 있기에 우리만의 감자를 찾을 수 있었던 겁니다.

우리 또한 하찮고 보잘것없는 존재인 것 같지만 누군가에게는 무척이나 소중한 존재입니다. 또한 우리가 누군가에게 의미 있는 존재가 되고 싶다면 얼마든지 의미 있는 존재가 될 수 있습니다.

감자처럼 별것 아닌 존재도 한 시간 동안 바라보고 관심 가져주니까 며칠이 지나도 찾을 수 있을 정도로 나에게 의미 있는 존재가 되었지요. 하물며 사람은 어떨까요? 아무리 하찮은 사람이라도 바라봐주고 관심 가져주면 서로에게 의미 있는 존재가 될 거예요. 우리 옆에 있는 친구들에게 작은 관심이라도 가져주는 사이가 되길 바랍니다."

감자이야기를 통해 모든 아이들이 자존감을 회복할 수는 없습니다. 하지만 평소 친구들에게 관심을 못 받거나 혼자 외롭다고 느낀 친구들은 감자에 자신을 감정이입합니다. 그러면서 누군가에게 관심 받을 수 있다는 희망을 가집니다. 실제로 이 활동을 한 뒤에 친구들과 서로를 관찰하고 관심가질 수 있는 활동을 이어서 합니다. 예를 들면 모둠에서 활동한 감자로 감자 키우기를 하는 것입니다. 한 시간 동안 관찰했던 감자를 일주일 뒤에 다시 만나서 감자 키우기 활동을 하면 아이들은 오랫동안 떨어져 있던 친구를 만난 것처럼 애지중지하며 감자를 키우게 됩니다. 이미 이름도 있고 인생이야기도 있기 때문에 정말 친구처럼 대하면서 정성을 다해 키웁니다. 키우는 과정에서 다시 감자와 있었던 이야기를 발표하게 하면 아이들은 점점 더 관심을 가지고 키우게 됩니다. 아이들에게 자기 자신과 같아진 감자를 키우는 경험은 자존감을 높이는 데 좋은 영향을 줍니다.

 부모 가이드

# 감자를 키우며 자연스럽게 자존감과 생명존중의 의미를 찾아보세요

집에서도 감자를 여러 개 준비해서 아이에게 고르게 한 뒤 특징을 이야기해보게 하고 인생이야기도 만들어보게 합니다. 그리고 일주일이 지난 뒤에 그 감자를 찾아보게 합니다. 아마도 정확하게 찾을 겁니다. 그런 뒤에 그 감자를 쭉 키워보게 합니다. 아이가 직접 생명을 키워보면 자연스럽게 자존감과 생명존중의 의미를 깨닫게 됩니다.

또 다른 방법은 감자를 하나만 골라서 활동하고 키우는 게 아니라, 3~4개 골라서 이름도 다르게 지어주고 인생이야기도 다르게 만들어서 여러 감자를 키우게 하는 것입니다. 마치 자식을 키우는 부모와 같은 마음을 느껴보게 할 수 있습니다. 그러면서 스스로의 자존감이 자연스럽게 올라가게 됩니다.

감자를 준비할 때는 되도록 울퉁불퉁하고 못생긴 감자가 좋습니다. 그래야 아이들이 특징도 잘 잡고 인생이야기도 재미있게 만들 수 있습니다.

나눔 **04** 교육

# 뚱뚱이와 홀쭉이

"뚱뚱하면 뭐가 좋을까?"

《뚱뚱이와 홀쭉이》(한솔교육)라는 책을 읽어주고 제가 하는 질문입니다. 쌍둥이지만 모든 면에서 서로 다른 뚱뚱이와 홀쭉이의 이야기를 그린 책으로, 나눔교육 자존감 프로젝트에 활용하게 된 책입니다.

아이들은 고개를 갸우뚱하다가 대답을 합니다.

"많이 먹을 수 있어요."

"맞아도 별로 아프지 않아요."

"힘없는 친구를 도와줄 수 있어요."

"성격이 좋을 것 같아요."

우리 사회에서 뚱뚱한 것은 게으르다거나 보기에 좋지 않다는 편견이 있어서 대개 뚱뚱한 것에 대한 이야기를 별로 좋아하지 않습니다. 특히 뚱뚱한 사람들은 더 이야기하기 꺼리는 주제입니다. 하지만

학교에서 아이들은 그렇지 않습니다. 뚱뚱한 것은 놀리기 좋은 소재가 됩니다. 내가 불리할 때 공격하기 좋은 하나의 약점인 셈이죠.

그렇다면 뚱뚱한 것이 상대방에게 약점이 되는, 나쁘기만 한 것일까요? 뚱뚱하면 뭐가 좋은지 생각해본 적이 없는 아이들에게 제 질문은 다르게 생각해볼 수 있는 기회를 줍니다. 평소 뚱뚱해서 놀림을 많이 받은 아이들도 놀림당해서 생각하기조차 싫은 주제를 생각해볼 기회가 됩니다.

뚱뚱해서 좋은 점을 뚱뚱한 아이가 대답할까요? 그렇지 않습니다. 뚱뚱하지 않은 아이의 입을 통해 뚱뚱해서 좋은 점을 듣게 됩니다. 평소 단점이라고 생각한 것을 드러내놓고 이야기해보면서 장점을 찾아보는 것입니다. 아이들은 생각지도 못한 이야기들을 하고 들으면서 뚱뚱한 것이 나쁜 것만은 아니라고 생각하게 됩니다.

그리고 나서 또 한 번 질문을 합니다.

"마르면 뭐가 좋을까?"

"달리기를 잘해요."

"동작이 빨라요."

"비를 별로 안 맞아요."

"운동을 잘해요."

아이들은 이와 같은 대답을 합니다. 이 질문에도 마른 아이들보다는 마르지 않은 아이들이 대답을 더 많이 합니다.

뚱뚱하다는 개념에 이어 마른 것, 키가 큰 것, 키가 작은 것, 눈이 작은 것, 눈이 큰 것, 머리가 큰 것, 머리가 작은 것 등 외모에 대한 다양한 생각들을 이끌어냅니다. 그래서 저마다의 모습이 다양한 것은 나쁜 것이 아니라 다른 것이라는 점을 알 수 있도록 해야 합니다. 서로의 다양성을 이해하고 인정하게 해야 합니다. 그렇게 되면 아이들이 친구들의 외모를 가지고 놀리는 일이 줄어듭니다.

외모의 다양성을 이해하고 인정하고 나면 생각의 다양성을 인정하기 시작합니다. 내 단점을 인정받는 동시에 남의 단점을 인정하게 되고, 결국 서로의 존재를 인정할 수 있게 됩니다. 서로를 인정하는 순간 자신의 단점을 극복하면서 자신도 남에게 인정받을 수 있는 존재라는 생각을 합니다.

자신의 약점을 드러내는 작업을 통해 아이들은 '나의 약점'이 '나만의 약점'이 아니라는 사실을 알게 됩니다. 누구나 약점이 있으며, 자기와 비슷한 약점을 가진 친구들이 있다는 것을 알게 됩니다. 그러면서 혼자 고민하던 약점들을 받아들이게 되고, 그 순간부터 약점을 극복해야 할 자신의 일부라고 생각하게 됩니다. 이 순간이야말로 자신의 약점을 강점으로 만드는 작업의 출발점이 되는 것입니다.

 부모 가이드

# 자존감을 높이는 데 도움이 되는 책

아이들의 자존감을 높이는 데 도움이 되는 책이 많지는 않습니다. 그 중 제가 수업에 활용하는 책을 소개하자면, 《짧은 귀 토끼》 《까만 아기 양》 《중요한 사실》이 있습니다. 아래 소개하는 책 가운데 그 밖의 책은 부모 자신의 자존감에 대해 생각하고 고민해 볼 수 있는 책들입니다. 특히 《사랑받을 권리》라는 책은 아마도 공감되는 부분이 많을 것입니다. 부모가 자존감이 높지 못하면 아이에게 어떠한 이야기도 해주기 힘듭니다. 부모가 먼저 자존감을 높이고 나서 아이에게 접근해야지 그렇지 않으면 아이에게 이야기하는 도중에 부모 자신이 혼란에 빠지기 쉽습니다.

《짧은 귀 토끼》 고래이야기
《중요한 사실》 보림
《긍정 심리학》 물푸레
《둔감력》 형설라이프
《완벽의 추구》 위즈덤하우스
《성공의 새로운 심리학》 부글북스
《아이의 10년 후를 결정하는 강점 혁명》 미래인
《8살 이전의 자존감이 평생 행복을 결정한다》 팝콘북스

《까만 아기 양》 푸른그림책
《To Do》 한겨레출판
《더 높이 튀어오르는 공처럼》 오푸스
《사랑받을 권리》 웅진지식하우스
《해피어》 위즈덤하우스

# 5장

## 서로를 이해해야 나눌 수 있어요

앞에서 나눔의 마지막 정의를 소통이라고 했습니다. 나눔은 그만큼 서로에 대한 이해가 바탕이 되지 못하면 서로에게 상처를 주기가 쉽습니다. 서로에 대해 알아가는 과정에서 상대에게 필요한 것을 찾아내야지, 그런 과정 없이 무조건 짐작해서 지원하는 것은 의미 없는 지원일 뿐입니다.

  아이들도 마찬가지입니다. 상대방에 대해서 모르면서 돕겠다고 하는 것이나 상대방에게 뭐가 필요한지도 모르면서 돕겠다는 것은 서로에게 거부감만 갖게 합니다. 그래서 서로를 충분히 알아가는 과정이 필요합니다. 단, 그 과정이 딱딱하거나 재미없으면 거부감을 더 심하게 느끼게 됩니다. 쉬우면서도 재미있는 활동을 통해 서로를 알아간다면 아이들에게 그것보다 더 큰 나눔은 없을 것입니다. 그러면 이제 세상을 살아가는 데에도 가장 기본이 되는, 소통하는 활동에 대해 알아보겠습니다.

나눔 01 교육

# 나눔 그리기

"선생님, 영철이가 때려요."

전학 온 첫날 성근이가 손을 들고 이야기합니다. 둘을 불러 물어 봤습니다.

"영철아, 너 성근이 때렸니?"

"아니요, 저는 성근이 때린 적 없어요."

"성근아, 영철이가 때린 거 맞니?"

"네, 맞아요."

몇 번을 물어도 성근이는 때렸다고 하고 영철이는 때리지 않았다고 합니다. 누구 말을 믿어야 할까요? 그러다가 영철이가 이야기를 합니다.

"제가 성근이에게 내일 준비물 뭐 있는지 말해주려고 어깨를 툭 툭 친 적은 있어요."

그랬더니 성근이가 말합니다.

"그게 툭툭 친 거니? 때린 거지. 얼마나 아팠는지 알아?"

"손가락으로 툭툭 친 건데 아프다고?"

영철이는 전학 온 성근이에게 도움을 주려고 했던 것인데 성근이는 영철이가 자기를 괴롭히려 했다고 느꼈습니다. 서로의 생각을 제대로 전달하지 못한 것입니다. 성근이가 영철이에게 왜 치는지만 물어봤어도, 영철이가 성근이에게 자기 진짜 마음을 빨리 얘기만 했어도 둘은 싸울 일이 없었을 것입니다.

요즘 아이들은 어려서부터 다른 사람의 말을 들을 기회가 별로 많지 않습니다. 다른 사람의 말을 들을 기회가 많지 않다는 것은 다른 사람의 말을 자기가 듣고 싶은 대로 들을 가능성이 높다는 것입니다. 그로 인해 우리 주위에서 벌어지는 오해와 갈등은 너무나도 많습니다. 서로 소통이 이뤄지지 않아 벌어지는 일들입니다. 이러한 일들을 해결하거나 되풀이하지 않기 위해 학교에서 아이들과 함께 할 수 있는 활동으로 무엇이 있을지 고민하는 교사가 많습니다. 하지만 이를 해결할 길을 찾기가 그리 쉽지 않습니다.

그 가운데 아이들끼리 그림을 그리면서 소통할 수 있는 방법을 소개합니다. 나눔 그리기라는 활동입니다.

- 먼저 두 명이 짝이 됩니다. 홀수인 경우에는 세 명이 짝이 되어도 좋습니다.

- 짝끼리 색깔이 다른 펜과 A4 종이 한 장을 준비합니다.
- 무엇을 그릴지 각자 머릿속으로 떠올립니다. 복잡한 그림보다는 단순한 그림을 떠올려봅니다.
- 같은 종이에 각자 떠올린 그림을 그리는데, 서로 번갈아가면서 한 번에 선을 하나씩 그립니다. 이때 말을 해서는 안 됩니다. 서로 무엇을 그릴지는 모르는 채로 그림을 그려갑니다.
- 서로의 그림을 침범할 수도 있고, 따로따로 그릴 수도 있고, 자기 그림을 포기하고 다른 사람의 그림을 같이 그릴 수도 있습니다.
- 어느 정도 그리다가 서로 그만 그려도 되겠다 싶으면 멈춥니다.
- 완성된 그림을 보면서 서로 무엇을 그리려고 했는지 이야기합니다.
- 각각의 선들은 어떤 의미로 그린 것인지를 이야기합니다.
- 설명을 다 듣고 나서 서로 합의해서 제목을 붙여봅니다.

2011년 나눔 그리기 작품 중에서

옆의 그림은 2011년 3월에 그린 2학년 친구들의 작품입니다. 영수(가명, 진한색)는 자동차를 그리려고 했고, 희진(가명, 연한색)이는 나무를 그리려고 했습니다. 그런데 선을 한 번씩 그리다 보니 자동차를 그리려고 했던 영수의 그림에 희진이가 자꾸 다른 선을 그리게 되었습니다. 그래서 자동차를 그릴 수 없게 된 영수는 나무를 그리려는 희진이의 그림에 맞춰서 자동차를 포기하고 학교를 그리게 됩니다. 다 그린 뒤 이런 설명을 들은 희진이는 자동차를 그리려고 했던 영수가 자기에게 그림을 양보했다는 사실을 알고는 살짝 미안해집니다. 희진이는 미안한 마음에 영수에게 제목을 양보하게 됩니다. 그래서 붙인 제목이 환상의 학교입니다. 여기서 영수는 자존감이 높은 아이일까요, 아니면 자존감이 낮은 아이일까요? 아마도 자존감이 낮은 아이일거라 생각합니다. 어쩌면 자존감이 높아서 배려한 것일 수도 있습니다. 하지만 제가 알기로 영수는 자기의 그림을 끝까지 주장하지 못하고 중간에 포기하고 만 것입니다. 그런 아이가 나중에 제목을 양보 받는 경험을 합니다. 이 아이에게는 놀라운 경험입니다. 그림을 양보했더니 제목을 양보 받는 것이지요. 이런 경험을 통해 자존감이 낮은 영수는 자존감이 조금 회복되는 것을 경험하게 됩니다.

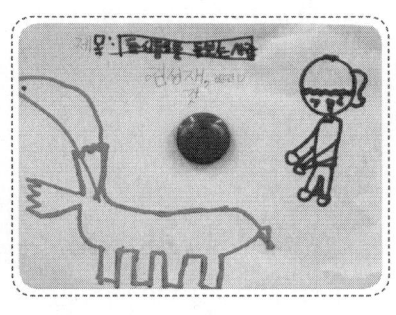

2011년 나눔 그리기 작품 중에서

옆의 그림은 전형적으로 각자 따로따로 그린 그림입니다. 성재는 동물을 그렸고 도연이는 사람을 그렸습니다. 서로가 그리고 싶은 그림을 그린 것입니다. 그래서 제목을 정하라고 했더니 '동물을 돌보는 사람'이라는 제목으로 서로 합의를 합니다.

이 활동을 하면 모두 네 가지 유형이 나옵니다. 첫 번째는 각자 따로따로 그리는 것이고, 두 번째는 서로 겹치게 각자의 그림을 그리다 새로운 그림이 나오는 것이고, 세 번째는 한 아이가 자기 그림은 포기하고 다른 아이의 그림을 도와주는 것이고, 마지막은 자기 그림을 포기하고 다른 아이의 그림도 방해하는 것입니다.

하지만 이 활동의 중심은 그림을 그리는 것이 아닙니다. 색깔이 다른 펜으로 그렸기 때문에 서로 어떤 선을 그렸는지 알게 됩니다. 그래서 서로가 무엇을 그리려고 했고 어떤 선은 왜 그렸는지를 물어보게 되고 알게 됩니다. 그러다 서로 방해하게 된 것도 알게 되고 서로 양보하게 된 것도 알게 됩니다. 마지막 활동으로 제목 정하기를 할 때 서로 방해한 것을 알게 된 아이들은 방해하기보다 합의하는 것이 좋다는 것을 알게 되고, 한 아이가 양보한 것을 알게 된 아이는 제목을 양보하게 됩니다. 양보하고 합의하는 과정을 경험하는 것입니다.

저는 활동을 마치고 모든 팀이 발표하도록 했는데, 발표를 들으면서 아이들은 나만 양보를 한 것이 아니라 친구들 모두가 양보를 했음을 알게 됩니다. 그래서 서로 합의하고 양보하는 것이 손해 보거나 나쁜 것이 아니라 좋은 것이라는 걸 알게 됩니다.

 부모 가이드

# 아이와 단둘이 또는 부부끼리
# 양보의 의미를 느껴보세요

나눔 그리기는 아이와 단둘이 할 수 있는 나눔활동 중 하나입니다. 그리고 부부끼리도 할 수 있는 활동입니다. 그래서 집에서 많이 해보기를 권합니다. 우선 부모님이 아이에게 하는 방법을 설명해주고 함께 활동을 해야 합니다. 가르치려고 하면 활동 결과가 정확히 나오기 힘듭니다.

아름다운재단 10주년 기념행사인 단추수프 축제 때 하루 종일 이 활동으로 나눔을 했는데 그때 기억에 남는 어머니와 아들이 있습니다. 한참 나눔 그리기를 하던 어머니가 갑자기 울기 시작한 것입니다. 활동을 돕던 선생님이 당황해서 지켜보다가 그 까닭을 물었더니 이런 이야기를 했습니다.

"아이에게 나는 자유도 많이 주고, 하고 싶어하는 것도 많이 하게 해준다고 생각했는데 그림을 그리다 보니 내가 원하는 그림을 그리고 있었어요. 아이가 제게 그림을 맞춰주고 있었어요. 제가 아이에게 너무 많은 부분 양보하지 않고 살고 있었구나, 라는 생각이 들었어요. 아이를 힘들게 했던 것 같아요."

대부분의 부모들은 그렇지 않겠지만 가끔은 나눔 그리기를 하면서 자기 자신이 아이에게 많은 부분 명령을 할 뿐 양보하지 않는다는 점을 깨닫게 됩니다. 하지만 이 활동을 자주 하다 보면 아이에게 양보하는 걸 당연하게 여기고 양보하게 됩니다. 자연스럽게 아이에게 나눔의 의미를 깨닫게 해줍니다.

나눔 02 교육

# 베개친구

　제가 초등학생이던 1980년대에 아이들은 친구를 어떻게 사귈 수 있었을까요? 일단 자동차가 많지 않았기 때문에 동네의 경계가 확실했습니다. 같은 골목에 살거나 같은 공터를 이용하면 같은 동네였습니다. 왜냐하면 주로 골목이나 공터에서 놀았기 때문입니다. 공터라는 공간은 누군가가 꼭 있는 공간이었습니다. 귀가 떨어져 나갈 것 같은 겨울에도 누군가는 꼭 나와 있었습니다. 지금처럼 학원 갈 일도 없고 컴퓨터도 없어서 그만큼 시간이 많고 할 일도 없었으니, 오로지 시간을 보낼 수 있는 방법은 친구와 노는 것이었습니다. 친한 친구와 지낼 때는 공터뿐 아니라 집도 중요한 놀이공간이었습니다. 친한 친구네 모여서 숙제도 같이 하고 놀기도 하고 텔레비전도 같이 보고 배가 고프면 라면도 끓여먹곤 했습니다. 그러다 보니 친한 친구라면 친구뿐 아니라 가족이나 그 집에 대한 것까지도 알 수 있는 사이여야 했습니다.

하지만 요즘 아이들은 친구를 만날 수 있는 장소가 많지 않습니다. 학교나 학원 정도가 전부일 것입니다. 그러다 보니 친구를 만들기도 쉽지 않고, 아는 친구도 많이 안다기보다는 얼핏 아는 경우가 많습니다. 특히 친구 집에서 잠을 잔다는 것은 상상하기 힘든 일일 것입니다. 일단은 부모가 허락을 하지 않습니다.

그런 것들을 가능하게 해보고 싶어서 베개친구라는 활동을 해봤습니다. 서로의 공간을 나누는 경험을 통해 더 깊은 관계를 경험하게 해보고 싶었습니다. 또한 친구 집에 방문할 때 예의를 갖추어야 하는 것도 알려주고 싶었습니다.

먼저 학부모들에게 베개친구가 어떤 것인지 안내하고 신청을 받았습니다. 형편이 되지 않아 참여하고 싶지 않은 집들도 있다는 것을 몇 번의 행사를 통해서 알았습니다.

그렇게 신청한 아이들에게 동성끼리 제비뽑기를 해서 짝꿍을 만들어줍니다. 짝꿍이 된 아이들의 부모님들은 적당한 날짜를 정해서 서로의 집을 방문할 수 있게 일정을 정합니다. 친구의 집을 방문하기 전에 친구 집에 가서 친구 부모님께 어떻게 해야 할 것인지와 친구와 무엇을 하며 저녁을 보낼 것인지 계획을 짭니다. 그리고 하룻밤을 같이 보내고 느낀 점을 적어서 선생님께 보고서를 제출합니다.

*재현이의 베개친구는 유승민입니다. 베개친구를 할 예정이라고 말씀하셨을 때부터 기대가 남달랐던 재현이는 추첨한 날 저에게 말했습니다. 우리 반에*

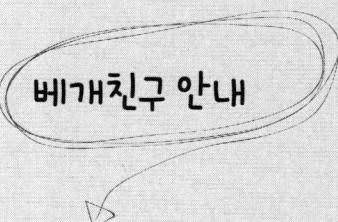

### 1. 베개친구가 뭐예요?

- 베개를 함께 베며 하룻밤 동안 많은 이야기와 추억을 나누는 친구를 말해요.

### 2. 베개친구는 왜 하는 거예요?

- 학교에서의 모습뿐 아니라 집에서의 모습도 보면서 친구의 여러 모습을 볼 수 있어요.

### 3. 베개친구는 어떻게 하는 거예요?

- 학교에서 추첨을 통해 짝꿍을 정해요.
- 남자는 남자끼리, 여자는 여자끼리 짝꿍을 정해요.
- 부모님과 상의하여 4월 한 달 안에 서로의 집을 방문해요.
- 서로의 집에서 서로에게 궁금한 것들을 질문하고 적어요.
- 상대의 집을 방문할 때는 작은 선물(2,000원 아래)을 준비해요.
- 상대의 집에서는 부모님께 예의를 잘 지켜요.
- 10시 이전에는 잠자리에 들어요.
- 베개친구가 끝난 짝꿍들은 감상문을 적어 선생님께 내요.

서 제일 손 안마를 잘하는 친구를 뽑았다고, 그리고 엄마의 손을 안마 해달라 부탁하겠다고. 그래서 제가 친구 데려다 고생시키면 안 될 텐데, 라고 말했습니다. 먼저 재현이가 승민이네 집을 방문했고 그 다음 주에 승민이가 왔습니다. 어리다고만 생각한 재현이가 친구 집에 가서 자고 온다고 생각하니 긴장이 되었습니다.

재현이 언니 세현이도 베개친구를 했는데, 그때는 3학년이었고 지금 재현이는 2학년이니 더 긴장과 걱정이 되었습니다. 서둘러 퇴근을 해서 재현이를 씻기고 가방을 싸고 주의할 점을 일러준 뒤 승민이 집으로 향했습니다. 평소에는 지적하지 않던 식사예절, 인사, 모든 사소한 일까지 잔소리를 하게 되었습니다. 그래서 베개친구가 필요한 것 같습니다. 저녁에 재현이와 전화통화를 했는데 즐겁게 잘 지내고 있다고 했습니다. 다녀온 뒤에 재현이 핸드폰에는 승민이 할아버지 할머니 전화번호가 저장되어 있었고, 승민이 동생과 공주 놀이도 하고 보라매공원에서 운동도 하고 딸기주스를 갈아주셨는데 너무 맛있었고 아침에 먹은 빵도 맛있고 또 가고 싶다 했습니다.

이번 주 수요일에는 승민이가 왔습니다. 재현이와 저는 집 앞에 나가서 30분 정도를 기다렸습니다. 재현이 할머니는 하루 종일 청소를 하셨습니다. 마루를 닦고 방을 닦고 화장실을 닦고 친구 준다고 갈비찜을 하고 누룽지를 말려서 튀기고……

저도 서둘러 퇴근을 하고 뭘 해주면 아이들이 즐거워할까 고민했습니다. 솔직히 친구가 놀러 오면 그냥 놀게 두면 되는데 괜히 더 긴장을 하게 되는 것 같습니다. 승민이가 와서 밥을 먹고 처음엔 둘이 닌텐도 게임을 하더니 심심하다고 텔레비전을 보겠다고 해서 게임을 하라고 했습니다. 부루마블을 했습니다.

승민이는 독서를 좋아해서 책을 읽고 싶어했고 재현이는 같이 움직이면서 할 수 있는 놀이를 원해서 서로 독서도 조금 하고 게임도 했습니다.

저녁에 제가 아이들에게 아이스크림을 사주겠다고 해서 나갔는데 놀이터가 어둡긴 했지만 뛰어놀더니 서로 좀 더 자연스러워지는 것 같았습니다. 베스킨라빈스에서 아이스크림을 먹고 문구점에서 500원짜리 커플 반지를 사고 집에 와서 양치를 하고 게임을 좀 더 하더니 승민이는 시간이 되니 일기를 쓰겠다고 일어났습니다. 규칙적인 생활을 하는 좋은 모습이었는데 재현이도 친구가 하니까 따라서 일기를 썼습니다.

같이 침대에서 자고 아침에 일어나서 빵을 만들어주고 주스를 주었는데 전성실 선생님 제자답게 주스에 착색 향신료(?)가 있다고 안 먹겠다고 했습니다.

스쿨버스를 타기 전에 아파트 앞에서 줄넘기를 하겠다고 손을 잡고 일찍 나섰습니다. 꼬마 손님 때문에 긴장한 날이었지만 재현이가 너무 즐거워했고 또 친구의 다른 모습을 보면서 여러 가지를 느낄 수 있는 날이었습니다.

제가 어릴 때는 옆집에 가서 놀고 그때가 밥시간이면 그냥 옆에 끼어서 밥도 먹고 또 잘못하면 혼나기도 하고 이렇게 그 집에 가서 잠깐 식구처럼 있다가 오는 게 자연스러웠는데, 요즘은 베개친구를 해야 친구를 집에 초대하고 놀 수 있고 그 기회가 적다는 사실이 너무 안타깝습니다. 좋은 기회를 주셔서 감사하고 짧게나마 몇 자 적어보았습니다.

- 박재현 학생 어머니

의혁이는 학교에서랑 집에서랑 모습이 다르다. 학교에서는 얌전하고 장난을 안 치고 그러는데 집에서는 반대다. 그리고 개봉동에서 제일 재미있었던 것은 퐁퐁이다. 그리고 의혁이는 그림 잘 그려서 그려 달라고 했는데 남이 있으면 잘 못 그린다고 안 그려주었다. 그리고 의혁이는 노트북이 있다. 나도 노트북이 갖고 싶다. 그리고 의혁이는 나처럼 훌라후프를 잘 돌린다. 의혁이네 집은 정말 재미있었다.

- 정윤성

    처음엔 시행착오도 많았습니다. 2학년이다 보니 남녀구별이 없다고 생각해 처음엔 남녀가 함께 베개친구를 하도록 계획을 짰다가 어머니들의 항의를 받았습니다. 거리가 멀어 참여하고 싶어도 못 하는 집이 있다는 것을 알고 거리가 가까운 아이끼리 묶어준 적도 있습니다. 경제적으로 차이가 나서 서로 저녁을 뭘 먹였는지 가지고 싸우는 학부모도 봤습니다. 참 다양한 사례가 나왔습니다. 하지만 아이들은 베개친구를 통해 절친 하나를 사귄 것 같은 기쁨을 맛봅니다.
    베개친구를 한 아이들은 아침에 교실에 들어올 때 표정이 다릅니다. 어제 같이 잤다는 것을 티라도 내듯이 서로 좋아서 어쩔 줄을 몰라 합니다. 서로의 공간을 나누면서 아이들은 무슨 비밀이라도 생긴 것처럼 더욱 친해지면서 단짝 친구가 됩니다. 아이들은 기회가 없어서 그렇지 기회만 주어지면 누가 시키지 않아도 서로를 알아가는 데 열심입니다. 나눔교육을 하면서 아이들에게 그런 기회를 많이 만들어주고 싶습니다.

# 친구 집에서 하룻밤을 보내는
# 소중한 추억을 선물하세요

친한 부모들끼리 날을 정해서 서로의 집에서 아이들이 잘 수 있도록 하면 좋습니다. 그냥 놀 때와 집에서 하루 자는 것과는 관계에 있어서 많이 다릅니다. 자기들만의 비밀이 생긴 것 같은 친근감이 생깁니다. 다만 위 글에서도 말했듯이 몇 가지 규칙은 지켜줘야 합니다.

1. 친구 집에 갔을 때 부모가 해주는 음식이나 행동에 대해 비교하는 등의 말은 절대 하지 않습니다.
2. 아이들이 하고 싶어하는 활동을 하도록 해주는 것은 좋으나 돈이 많이 드는 활동은 삼갑니다. 놀이에 대한 개념을 소비적인 것보다는 관계 맺기로 접근해야 합니다. 둘이 한 방에 두면 알아서 놀게 되어 있습니다. 만약에 잘 놀지 못한다면 예전에 부모님들이 했던 놀이들을 알려주면 좋습니다.
3. 친구의 집에 가기 전에 친구 집에서 지켜야 할 예절에 대해 미리 이야기해보고 가는 것이 좋습니다.
4. 반드시 친구와 함께한 시간에 대해 느낀 점을 써보게 합니다.

나눔 03 교육

# 친구책 만들기

'리빙 라이브러리(Living Library)' 이벤트는 덴마크 출신의 사회운동가 로니 에버겔이 2000년 덴마크에서 열린 한 뮤직 페스티벌(Roskilde Festival)에서 창안한 것으로, 유럽에서 시작되어 빠른 속도로 전 세계에 확산되고 있는 신개념의 '이벤트성 도서관'입니다. 사람과 사람이 만나서 대화하고 소통하는 기회를 제공함으로써 서로 잘 알지 못해 가질 수밖에 없었던 타인에 대한 편견과 선입견, 고정관념을 줄이자는 의도로 기획된 행사입니다. 쉽게 말하면 자기를 알리고 싶은 사람들의 자원을 받아 사람책 카드를 만들어 도서관에서 이 사람을 대출해주는 것입니다. 사람책은 일정한 장소에 앉아서 누군가 자기를 대출해주기를 기다립니다. 그리고 누군가 사람책 카드에 적힌 사람이 궁금하면 사람책 카드를 들고 가서 그 사람을 대출해 30분 동안 그 사람과 이야기를 나눌 수 있습니다. 이야기를 마치고 나면 다시 도서관에 반납하는 행사입니다.

《나는 런던에서 사람책을 읽는다》(달, 2009)는 영국에 살고 있는 저자가 런던에서 열린 '리빙 라이브러리'에서 책(사람)들을 독서(대화)한 경험을 진솔하게 담은 책입니다. 예순이 넘어서야 자신의 진정한 성 정체성을 찾았다는 트렌스젠더, 신 없이도 얼마든지 우리의 인생을 풍요롭게 이끌어갈 수 있다고 말하는 휴머니스트, 사회적 편견과는 전혀 다른 모습의 레즈비언, 채식주의자 중에서도 식단이 가장 엄격한 비건, 예순에 무작정 가출해서 여든에 시인이 된 할머니 등 다양한 인간 군상이 저자가 읽어낸 도서목록에 빼곡하게 적혀 있습니다.

영국에서 사립학교를 나왔다면 상류층 출신인가? 채식주의자들은 고기를 먹는 사람을 혐오할까? 혼혈들은 우성 유전자만 받아 잘 나고 똑똑한 걸까? 일 년 동안 단돈 1원도 안 쓰고 살아갈 수 있을까? 머리 짧고 남자처럼 입고 다니는 여자들은 모두 레즈비언일까? 이 책에는 우리가 '오해일까, 편견일까?' 하며 질문을 꺼내기조차 망설였던 낯선 사람들의 이야기가 담겨 있습니다.*

리빙 라이브러리를 교실에서 어떻게 적용할까 고민했습니다. 그러던 중 '우리가 할 수 있는 것'이라는 나눔수업을 하면서 몸으로 할 수

---

* '리빙 라이브러리'에 관한 내용은 리빙 라이브러리 홈페이지 http://www.tinkcafe.ort/1267를 참고함.

있는 나눔 가운데 입으로 할 수 있는 나눔을 아이들과 이야기하다가 어떤 아이에게 들은 말에 약간은 충격을 받고 본격적으로 시작하게 됐습니다. 입으로 할 수 있는 나눔에 "외로운 친구와 친구가 되자고 말할 수 있다."라고 어떤 아이가 말했습니다. 제가 초등학교를 다닐 때만 해도 한 반에 70~80명이 있었지만 같은 반이면 누구나 친구라는 생각을 했습니다. 하지만 요즘은 20~30명밖에 안 되는데도 친구라는 말을 해야 친구가 될 수 있습니다. 친구가 되자고 말하지 않으면 친구가 될 수 없다는 사실이 너무나도 안타까웠습니다. 그만큼 우리 아이들 모두 마음의 벽이 높다는 생각에 무언가 해야겠다는 생각을 했습니다. 그래서 시작한 것이 '친구책 만들기'입니다.

먼저 아이들과 친구책 독서카드를 만들었습니다.

사진을 인쇄해주고 이 독서카드에 붙이게 한 뒤 이름과 자기가 잘하는 것을 쓰게 했습니다. 그리고 뒷면에는 미리 인쇄해놓은 우리

2011년에 만든 친구책 독서카드

반 아이들의 이름 목록을 붙이도록 했습니다. 친구책 독서카드를 만들고 난 뒤, 한 명씩 나와서 자기소개를 하는 시간을 가졌습니다. 친구들에게 자기를 빌려가라고 홍보하는 시간이었습니다.

친구를 빌리려면 친구의 독서카드를 들고 친구와 함께 제게 와서 신청하면 됩니다. 그러면 저는 뒷면의 이름 목록에서 빌린 사람 이름 옆에 날짜를 적어줍니다. 쉬는 시간이나 점심시간을 활용해 대략 10분 정도 그 친구에 대해 궁금한 것을 물어보고, '친구책' 용으로 만든 공책에 인터뷰한 내용을 적도록 합니다. 그런데 생각보다 시간이 많이 걸렸습니다. 친구를 빌리기만 하는 게 아니라 빌려지기도 해야 해서 이중으로 시간이 걸렸습니다. 또 인기 있는 친구만 빌려지는 문제가 발생했습니다. 그래서 하는 수없이 모든 친구를 빌린 뒤 친구책을 완성해오는 사람만 상을 주기로 했습니다.

이 활동으로 몇 가지 효과가 있었습니다. 처음에 의도했던 대로 친구하자는 말이 실제로 없어졌습니다. 모두가 친구라는 생각을 하게 됐습니다. 또한 남녀의 벽이 조금은 무너졌습니다. 2학년만 되어도 남녀라는 벽이 생기면서 서로 싸우고 구별하기 시작합니다. 그런데 그 경계가 약간은 없어졌습니다. 그냥 같은 반 친구가 되는 것입니다. 또한 중간에 전학을 온 친구가 두 명 있었는데 그 친구들에게는 정말 큰 효과가 있었습니다. 전학 오자마자 쉬는 시간만 되면 아이들이 손을 잡고 제게 데리고 와서 10분 동안 인터뷰를 하고는 이제 우린 친구야, 라고 말하게 되니 자연스럽게 친구들이 생긴 것입니다. 이 행사를 작년 6월에 시작했고 6월 초에 전학 온 아이가 있었

2012년 열심히 친구책 활동을 하고 있는 아이들

는데 6월 말쯤 되니 누가 전학 온 아이인지 구분이 안 될 정도였습니다. 아이들에게 서로 친해질 수 있는 형식이 필요한 세상이 되었습니다. 그런 상황에서 그냥 알아서 친해지라고 하는 것보다는 자연스럽게 친해질 수 있는 형식을 제공하는 것이 선생님의 역할이라고 생각합니다.

올해는 친구책 프로젝트를 작년과 다르게 해봅니다. 3월 2일부터 아이들이 자리를 자유롭게 앉고 있는데, 앉고 싶은 친구랑만 앉는 경향이 있어서 시작했습니다. 모든 친구와 한 번씩 앉도록 하되 그냥 앉는 것보다는 뭔가 서로를 알아가도록 하는 작업이 필요했습니다.

거기에 딱 맞는 활동이 친구책 프로젝트였습니다. 우선 공책을 하나 준비합니다. 아침에 자리에 앉을 때 앉아보지 않은 친구랑 앉습니다. 아침 시간 동안 짝꿍에게 질문도 하고 대답도 하면서 친구책에 질문과 답을 적습니다. 질문이 다 끝난 뒤에는 느낀 점이나 새롭게 알게 된 점을 적습니다. 우리 반 학생이 34명이라 33일 동안 새로운 짝꿍을 만나면 이 인터뷰는 끝이 납니다. 33명의 인터뷰 내용이 담긴 친구책을 전시하면서 친구책 프로젝트는 끝이 납니다.

우리 아이들이 친구에 대해서 많이 아는 것 같지만 실제로는 친구들에 대해 아는 게 별로 없습니다. 대화보다는 활동 위주로 사귀다 보니 놓치는 점이 많습니다. 그래서 서로 오해하는 부분도 있고, 그로 인해 다투는 일이 많습니다. 하지만 친구책을 만들면서 서로에 대해 조금은 깊게 알아가면서 오해도 풀리고 서로를 인정하고 존중하게 됩니다. 아이들이 올해 친구책을 만들면서 느낀 점을 살펴보겠습니다.

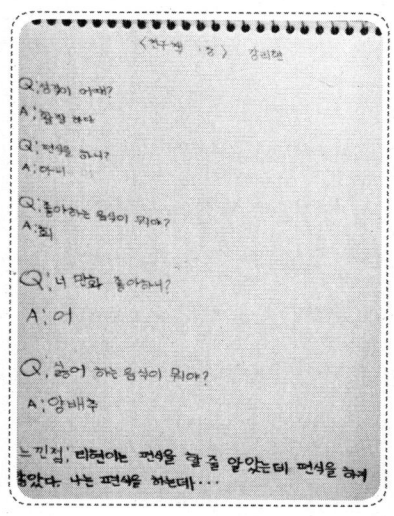

2012년 만들고 있는 친구책 중에서

이나 : 오와~ 좋아하는 화가도 있구나. 부럽다.

근영 : ○○이는 호기심이 많아서 많은 것을 알게 될 것이다.

○○도 나처럼 동생을 싫어할 때도 있구나!

현승 : 나는 ○○이가 얌전한 줄 알았는데 알고 보니 ○○이는

조금 얌전하다.

소연 : ○○이는 느낀 것보다 누구보다 맘이 따뜻한 친구이다.

약간 엉뚱하면서도 독특한 모습이 있는 독특한 친구다.

1학년 때는 몇 번 본 적 있는 거 같은데 같은 반 돼서 좋다.

리현 : ● ○○는 아파서 목소리가 잘 안 나온다.

그래도 알아들었다. 빨리 나았으면 좋겠다. 파이팅!

● ○○이는 말썽꾸러기인데 착하다. 애들이랑 즐겁게 놀고

나를 웃게 만든다. 나는 ○○이의 친구다.

우정 : ● 처음 우리 학교에 와서 말도 제대로 못 할 것 같았는데 말도 하고 말

도 통하네요. 숨겼던 목소리도 곱네요. 하도 목소리를 못 들어서 짝꿍

하니까 느낌이 좀 그랬어요. 신입생이니까 아는 것도 별로 없고 어쨌

든 궁금증 몇 개 풀렸네요. ○○이도 그럴 거예요. 제 생각엔 아마

도 ㅋㅋㅋ

● 나는 깜짝 놀랐다. 이렇게 처음으로 같이 앉자고 한 친구는 ○○이

가 처음이다. 자신감 있는 친구가 난 좋다. 내가 1학년 땐 노력했는

데(자신감 생기려고) ○○이도 그런가 보다.

연우 : ● 나는 ○○이가 겨울에 뛰어노는 것을 좋아하는 것 같았는데 책 읽는

것을 더 좋아한다. 나도 그러는데……. 단짝이니까 앞으로 친하게

싸우지 말고 잘 지내야겠다.

- 내가 처음으로 ○○이와 이야기를 하니까 기분이 좋다. 앞으로 많이 이야기해야겠다.

서영 : 나도 1학년 때 선생님을 좋아하는데……. 다 똑같나 보다.

태리 : ○○이의 장점들을 인터뷰해보았다. 원래 싫어하는 음식은 답이 안 나와서 못 먹는 음식을 인터뷰해보았다. 친구책 인터뷰를 해보니까 ○○이의 장점을 알겠다.

 부모 가이드

# 가족의 소중한
# 기록이 되는 가족책

집에서는 베개친구를 한다면 베개친구를 하는 중에 친구책을 만드는 활동을 넣으면 좋습니다. 아이들은 친한 것 같아도 의외로 서로 대화하는 시간이 거의 없습니다. 그러니 서로에 대해 잘 모르는 경우가 많습니다. 베개친구를 하면서 밤새 서로에 대해 알아가는 과정도 중요합니다.

또는 학교에서 이런 활동을 하지 않으면 아이에게 하루에 한 명씩 인터뷰를 해오게 하는 것도 좋습니다. 혼자 하는 게 좀 쑥스러울 수 있겠지만 실제로 그런 아이가 있었습니다. 혼자 프로젝트로 아이들을 인터뷰해서 친구책을 만들어보는 것입니다. 그것이 하나의 프로젝트 활동이 됩니다. 나중에 선생님께 보내서 발표를 해보게 할 수도 있고 해마다 친구책을 만들어서 책꽂이에 꽂아놓으면 평생 오래가는 추억이 될 것입니다.

이것을 부모와 함께 하게 되면 친구책이 아니라 가족책이 됩니다. 가족이 많지 않기 때문에 자주 다양한 질문을 하면서 서로를 알아가는 과정을 즐길 수 있습니다. 물론 처음엔 거북하고 쑥스러울 수 있지만 자주 하다 보면 자연스럽게 할 수 있습니다. 아이가 1학년 때 했던 생각과 5학년이 되어서 가진 생각은 다를 수 있습니다. 이것이 차츰 모이면 가족의 소중한 기록이 될 수 있습니다.

나눔 **04** 교육

# 화해전문가

　아이들은 싸우고 나서 그것을 다시 생각하거나 까닭을 따지기를 싫어합니다. 귀찮기도 하고 만약 자기에게 잘못이 있다는 것이 밝혀지면 창피하기도 하고 사과하기도 싫기 때문입니다. 그래서 아이들끼리 오해가 쌓이면서 싸우지 않아도 될 일로 싸우는 경우가 많습니다. 또한 친구를 놀리기 좋아하는 아이들도 있는데 일 대 일로 대응하다 보니 놀리는 아이가 항상 우기면서 넘어가게 됩니다.

　그런 상황을 좀 더 체계적으로 함께 해결하기 위해 우리 반에는 화해전문가가 있습니다. 남자 한 명과 여자 한 명이 화해전문가입니다. 화해전문가는 하고 싶어하는 친구를 시켰습니다. 이런 역할을 맡으면 쉬는 시간이 줄어들기 때문에 많은 아이들이 지원을 하지는 않습니다. 이 친구들이 하는 일은 쉬는 시간마다 다툼이 벌어지면 화해를 시키는 일입니다. 남자 한 명과 여자 한 명을 정한 까닭은 남자

아이가 불리하면 남자한테 가고 여자아이가 불리하면 여자한테 갈 수 있게 하기 위해서입니다. 두 명을 정한 것은 한 번 해서 맘에 들지 않으면 다른 화해전문가에게 갈 수 있게 하기 위해서입니다. 화해전문가는 화해시킨 과정을 다 적어야 합니다. 예를 한번 들어보겠습니다.

2011년 7월 12일 화요일에 일어난 일입니다. 태균이와 유민이가 쉬는 시간에 다퉜습니다. 유민이가 불리한 상황이라 여자 화해전문가에게 갔습니다.

유민 : 태균이랑 지수랑 이야기를 하는데 태균이가 나에게 유부초밥이라고 했다.
태균 : 그냥 유민이에게 말한 게 아니라 혼잣말로 한 것이다.
유민 : 나를 보고 말해서 놀리는 것 같았다.
현지(나)의 생각 : 태균이는 유민이를 속상하게 하고 유민이는 조금 오해한 것 같다.

이렇게 정리가 되는 줄 알았습니다. 이때 증인이 나타납니다.

지수 : 태균이가 유민이한테 유부초밥이라고 놀린 걸 들었다.
결론 : 태균이가 사과를 해야 할 것 같네요.

- 화해전문가 현지(여자)의 글

그러자 불리한 결과가 나온 태균이는 남자 화해전문가에게로 갑니다.

> 오늘 태균이가 유민이를 놀렸다.
> 태균이 말로는 자기가 유부초밥이라고 한 이유는 태균이가 유부초밥을 좋아해서이기 때문이다. 유민이 말로는 성이 유씨여서 유부초밥이라고 한 줄 알았다. 나는 누구의 말을 믿을까? 라고 생각했다. 내 생각은 유민이 말이 맞는 것 같다.
> 왜냐하면 태균이는 거짓말을 조금씩 하기 때문이다. 태균이가 사과를 하면 바로 끝날 일이었다. 나라면 사과를 했을 것이다.
> 이제부터는 자기가 한 행동과 말에 책임지자.
>
> - 화해전문가 민재(남자)의 글

하지만 남자 화해전문가도 태균이에게 불리한 결론을 내립니다. 저에게 아이들이 오지 않은 것으로 봐서 태균이가 사과하고 끝난 것 같습니다. 이렇듯 아이들끼리 화해를 시키는 과정을 겪으면서 서로의 마음을 이해하게 됩니다. 남자 화해전문가가 "나라면 사과를 했을 것이다."라고 한 것처럼 상대방의 마음을 이해하는 경험을 하게 됩니다. 만약 끝까지 서로 우겨서 선생님에게 온다면 모두 다섯 명(싸움 당사자 두 명, 화해전문가 두 명, 선생님)이 함께 이야기를 듣고 화해를 시켜줍니다. 서로 싸운 아이들은 모두 세 번의 설명을 하다 보니 스스로 무엇이 문제이고 무엇을 인정하면 되는지를 자연스레 깨닫게 됩니다. 굳이 선생님이 조정해줄 필요가 없습니다. 만약 그래도 인정하지 않는 아이가 있으면 아이가 무엇을 원하고 어떻게 하고 싶은지를 물어서 해결해주려고 노력하면 됩니다. 아이들은 뭔가를 하고 싶은데 못 해서 싸우는 경우가 많습니다. 서로 원하는 것을 이야기하고 서로 들어주면서 화해가 가능해지기도 합니다.

아이들은 저희들끼리 싸운 이야기를 듣고 그것을 판단하는 과정에서 옳고 그름에 대한 나름의 가치관을 세워갑니다. 선생님이 아무리 이야기해도 잘 들리지 않던 이야기가 서로 이야기를 하는 과정에서 자연스럽게 들리게 되는 것입니다. 특히 화해전문가는 날마다 친구들에게 이런 이야기들을 듣고 판단하기 때문에 더욱 큰 깨달음을 얻습니다.

이 활동을 하고부터는 싸움이 많이 줄었습니다. 화해전문가의 활약 덕분이기도 하지만 아이들이 서로 싸우다 화해전문가에게 가서 설명하는 것이 힘들어서 그만두는 경우도 많습니다. 그러니 아이들이 서로 싸우는 것이 귀찮아졌다고 볼 수도 있습니다.

눈높이에서 서로의 이야기를 들어주고 조정해주는 화해전문가는 꼭 필요합니다.

나눔 05 교육

# 소통 게임

몇 년 전 청소년과 놀이문화연구소(http://ilf.or.kr)에서 진행하는 청소년활동 지도자 교육을 받은 적이 있습니다. 매주 광나루역 근처에 있는 광진 청소년수련관까지 가서 다양한 놀이를 배우면서 소통하는 법에 대해 배웠습니다. 이때 가장 인상 깊게 배웠던 놀이가 소통 게임이라는 것이었습니다.

소통 게임이라는 것을 잠깐 설명하자면 이렇습니다.

민속놀이인 '칠교놀이'를 가지고 회의에 참여하는 자세를 배우는 놀이입니다. 이 게임은 주어진 칠교놀이 과제를 모둠 구성원들이 협동하여 신속하게 구성해나가는 과정에서 말하는 자세, 듣는(경청) 자세, 그리고 토론 과정상의 방법, 지도력 개발, 준법정신 들을 스스로 깨치도록 고안된 놀이입니다.

진행방법*은 이렇습니다.

1. 선생님은 사전에 모둠별로 적당히 떨어져 앉도록 자리배치를 하고 모둠 사이에 칸막이를 합니다. 이때 칸막이 안쪽을 다른 모둠 사람들이 볼 수 없도록 배치해야 합니다.
2. 9명씩 모둠을 구성(8명 또는 10명도 가능합니다)하고 각 모둠에서는 회의를 진행할 의장과 점검자를 한 사람씩 정하여 지정된 자리로 가서 앉게 합니다.
3. 선생님은 놀이의 내용을 간단명료하게 설명합니다. 선생님은 칠교조각(7개)이 들어 있는 봉투를 점검자들에게 한 개씩 나누어주고, 점검자는 다시 모둠원들에게 칠교조각을 한 개씩 나누어줍니다.(점검자와 의장은 조각을 갖지 않습니다.) 이제 각 모둠의 의장들을 불러내서 그림이 그려진 명령도를 한 장씩 나누어주는데, 명령도는 반드시 의장 자신만 보아야 하며 절대 자기 모둠원들에게 보여주면 안 됩니다. 의장은 이 명령도에 그려져 있는 그림(도형)을 모둠원들에게 말로만 설명할 수 있으며, 모둠원들과 의논하여 신속히 모둠원들이 한 개씩 가지고 있는 조각으로 그 도형을 완성하는 놀이입니다. 의장만 볼 수 있는 그림을 나머지 모둠원들과 효과적으로 의견을 나누면서 어떤 모양인지 함께 공유하는 것이 성패의 관건입니다. 따라서 조각

---

\* 출처 : 청소년과 놀이문화연구소 주최 '제8기 청소년활동지도자 교육' 교재

을 붙이기 전에 모둠원들과 충분히 의견을 나누는 것이 중요합니다.

4. 이어서 의장 수칙, 점검자 수칙, 그리고 나머지 회의에 참가한 사람들이 지켜야 하는 수칙을 간단하게 설명하는데, 이때 선생님과 점검자들은 놀이 수칙을 기록해두어서 차질이 없도록 합니다.

5. 점검자는 의장과 모둠원들, 모둠원과 모둠원 사이에서 규칙을 위반하는 일이 없는지 계속 관찰하고 위반하는 경우에는 곧바로 바로잡아주고 이를 '점검표'에 기록해둡니다.(도형이 완성된 시간도 기록)

6. 도형 만들기를 성공한 모둠이 나오면 선생님은 나머지 모둠들에게 놀이를 중지할 것을 알립니다. 그런 다음 점검자가 작성한 점검표를 가지고 모둠별로 '가장 먼저 성공할 수 있었던 비결은 무엇이었나?', '실패한 까닭은 무엇인가?', '의장의 지도력은 어떠했는가?', '모둠원들은 의견을 교환하는 데 적극적이었는가, 아니면 누가 어떤 잘못을 했는가?' 하는 반성과 평가를 합니다. 점검자는 인신공격을 하는 식으로 사람들의 잘못을 지적하기보다는 잘한 점들을 격려할 수 있도록 주의합니다.

7. 평가(3분 정도)를 마치면 모둠별로 새로 의장과 점검자를 정하여 다른 명령도를 가지고 다시 해봅니다.(3~4번이 적당합니다.)

평가내용의 예를 들면 다음과 같습니다.

1. 모둠원들이 가지고 있는 조각은 자기의 인격이나 자존심과 같은 것입니다. 회의 중에 남의 인격을 모독한 일은 없었나요?
2. 칠교조각을 칸막이에 붙이는 것은 의견발표를 상징합니다. 붙일 때 다른 사람들이 간섭한 일은 없었나요?
3. 조각을 붙이면서 망설이는, 주관이 뚜렷하지 못한 사람은 없었나요?
4. 의장의 지도력은 어떠했나요?
5. 모둠원들의 자세는 어떠했나요?
6. 도형 만들기에 성공(실패)한 원인은 어디에 있었나요?

각각의 역할을 설명하면 다음과 같습니다.
의장은 회의를 주관하는 사람입니다. 이때 의장이 지켜야 할 사항은 다음과 같습니다.
1. 의장은 반드시 선생님에게서 받은 명령도를 다른 사람들에게 보여주어서는 안 됩니다.
2. 의장은 절대로 지정된 자리에서 일어날 수 없습니다.
3. 의장은 명령도에 그려진 그림을 다른 사람에게 설명할 때 오직 말로만 해야 합니다.(손짓이나 몸을 사용하여 그림을 그리는 것은 금지되어 있습니다.)
4. 모둠원들이 조각을 붙일 때는 절대 말할 수 없습니다.
(조각을 붙이는 사람이 잘못 붙인 경우에는 그 사람이 일단 제자리로 돌아간 다음에야 이를 말해줄 수 있습니다.)

점검자는 회의가 진행되는 동안 지켜져야 하는 법을 상징하는 사람입니다. 이때 점검자가 지켜야 할 사항은 다음과 같습니다.
1. 점검자는 회의 참가자(의장, 모둠원들)들이 법을 어겼을 때 이를 곧바로 그 자리에서 지적하고 바로잡도록 명령합니다.
2. 점검자는 회의가 진행되는 동안 점검표(의장의 좋았던 점과 고쳐야 할 점, 모둠원들의 좋았던 점과 고쳐야 할 점)를 상세히 기록, 작성하여야 합니다.
3. 프로그램을 마치게 되면 점검자는 자신이 작성한 점검표의 내용을 가지고 의장과 모둠원들의 장단점을 정리하는 시간을 가집니다.

주의 : 점검자가 점검표에 기록을 할 때는 내용을 추상적으로 적지 말고 의장을 포함한 모둠원들이 나눈 이야기들을 그대로 적어 놓아야만 효과적인 피드백을 할 수 있습니다.


회의 참가자(모둠원들)가 지켜야 할 사항은 다음과 같습니다.
1. 모둠원들 간에는 자유롭게 의견을 교환할 수 있고 모둠 구성원들이 들고 있는 조각의 모양을 확인하기 위해 비교해볼 수 있으나, 다른 사람의 조각을 만지거나 바꿀 수는 없습니다.
2. 모둠원들은 종이에 도형을 그릴 수 없으며 의장과 마찬가지로 오직 말로만 의사소통할 수 있습니다.
3. 조각을 붙일 때는 다른 사람들(의장, 점검자, 그리고 다른 모둠원들)에게 묻거나 말할 수 없습니다. 의문사항이 있으면 일단 조각을

들고 제자리로 돌아온 다음에 의견을 교환할 수 있습니다.
4. 한 사람만 나가서 조각을 붙일 수 있으며 잘못 붙인 조각을 뗄 때에도 자기 조각 외에는 만질 수 없습니다.

소통 게임은 회의 진행을 구조화한 놀이이므로 집단 구성원들이 그 의미를 명확히 파악할 때 적극적으로 참여할 수 있게 됩니다. 그러므로 선생님은 놀이의 상징성을 구체적으로 설명해주어야 합니다. 예를 들어서 모둠원 가운데 한 사람이 나가서 조각을 붙이는 것은 회의 중에 자기 의사를 발표하는 것을 상징합니다. 조각은 자기 자신의 인격(개성)과 같은 것입니다. 그런데 앞에 나와서 조각을 붙이지 못하고 망설이는 것은 자기주장이 불확실하다는 것과 같습니다. 그리고 의장이나 다른 모둠원들이 조각을 붙이려고 나가 있는 사람에게 말을 하는 것은 의사진행을 방해하고 간섭하는 행위입니다. 남의 조각을 만지는 것은 인격모독과 같은 행위입니다. 이런 식의 부연설명을 선생님이 사전에 미리 해두면 집단 구성원들이 놀이를 이해하고 적극적으로 참여하는 데 도움이 됩니다.

교실에서 아이들은 자기도 모르게 다른 사람의 의견을 방해하기도 하고, 자기의 의견을 자신 있게 주장하지 못할 때도 있습니다. 서로 소통할 수 있는 기회가 없었기 때문에 서로의 의견을 존중하는 방법을 잘 모릅니다. 소통 게임을 자주 하면 서로의 의견을 존중하는 방법을 깨닫게 됩니다.

# 6장

누구나 작은 것부터 나눌 수 있어요

"나누고는 싶은데 나눌 수 있는 것이 없네요. 다음에 나눌게요."

나눔을 요청하면 대부분의 사람들에게서 돌아오는 대답입니다. 사람들은 대개 나누고는 싶은데 나눌 수 있는 것이 없다고 생각합니다. 나누고 싶은 마음은 있는데 내가 가진 것이 왠지 작고 하찮게 보이기 때문에 쉽게 내놓지 못하는 것 같습니다. 세상에는 나눌 수 있는 것이 너무나도 많은데 막상 나누려고 하면 다른 사람들의 눈치를 살피게 되는 것입니다.

교실에서도 비슷한 대답들이 돌아옵니다.

"선생님, 나누고 싶은 마음은 많은데 가진 돈도 없고 재주도 별로 없어요. 다음에 생기면 나눌게요."

이런 경우 나눔에 대한 생각을 하다 보면 자신의 자존감만 떨어지기 쉽습니다. 아이들도 어른들이 생각하는 것과 마찬가지로 나눔은 크고 거창한 것이라고 느낍니다. 그러다 보니 내가 가진 작은 돈이나 재능들은 다른 사람에게 별로 도움이 되지 않을 거라고 생각합니다. 하지만 아무리 작은 것이라도 나눌 수 있다는 걸 알게 되면 다른 것 또한 쉽게 나눌 수 있게 됩니다. 예를 들면, 아이들은 먹을 것에 집착하는 경향이 있는데 먹을거리를 나눌 수 있으면 다른 것들은 자연스럽게 나누게 됩니다. 그래서 소풍을 가거나 학급 행사를 할 때 자기가 가진 먹을거리들을 나누게 합니다. 서로 바꿔먹는 재미부터 느끼게 해주면 너도나도 나눠 먹습니다. 그러다 보면 다른 나눔들도 자연스럽게 이뤄집니다. 나눔은 작은 것부터 시작해야 아이들이 힘들게 생각하지 않고 따라올 수 있습니다.

나눔 01 교육

# 나눔연대기

 2006년 6월 17일. 아름다운재단 간사님 두 분, 나눔교육 교사연구회 선생님 한 분과 함께 미국 인디애나폴리스로 향하는 비행기를 탔습니다. 아름다운재단에서 기획한 '나눔교육 해외탐방' 프로그램인, 인디애나폴리스 대학에서 진행하는 '러닝 투 기브(Learning to Give)' 교사연수를 듣기 위해서였습니다. '러닝 투 기브'란 자선(Philanthropy)을 어떻게 가르칠 것인가를 교사들에게 연수하는 나눔교육 전문기관입니다. 미국의 나눔교육 교사연수 프로그램을 운영하는 곳이라고 할 수 있지요.
 미국행 비행기를 타고 가는 중에 옆자리에 앉은 아름다운재단 간사님과 나눔에 대해 이런저런 이야기들을 나눴습니다. 이미 많은 콘텐츠를 가지고 있는 미국의 나눔교육과 이제 막 첫발을 내딛기 시작한 한국의 나눔교육이 어떻게 다르고 얼마나 다르며 우리는 그들에게서 무엇을 배워야 할지를 말입니다.

  비록 3일 동안의 짧은 연수였지만 연수를 통해 나눔에 대해 초보자였던 저는 나눔의 정의와 역사 및 효과 등에 대해서 깊이 고민해볼 수 있었습니다. 한국으로 돌아가서 아이들에게 어떻게 나눔교육을 해야 할지도 생각해볼 수 있었고요.

  연수 기간에 나눔에 대한 여러 강의를 듣고 여러 활동들을 체험했는데, 그 가운데 가장 기억에 남는 활동이 나눔연대기 활동입니다. 나눔에 대해, 주고받는 것에 대해 여러 가지 생각을 할 수 있는 기회를 마련해주는 활동이었습니다.

  우선 미국인 강사가 우리에게 손바닥 모양의 하얀 종이와 하트 모양의 빨간 종이를 나눠주었습니다. 나눔은 주로 손으로 하고 마음으로 받기 때문에, 손바닥 모양의 종이에는 내가 태어나서 지금까지 준 나눔 중에 가장 기억에 남는 것을 그리거나 적고, 하트 모양의 종이에는 내가 태어나서 지금까지 받은 나눔 중에 가장 기억에 남는 것을 그리거나 적으라고 했습니다.

  그래서 내가 태어나서 지금까지 준 나눔과 받은 나눔을 머릿속에 떠올려봤습니다. 내가 받은 나눔은 어려서부터 지금까지 많이 생각이 났지만 내가 준 나눔은 잘 생각이 나지 않았습니다. 고작해야 몇 년 전에 한 작은 선행 정도가 고작이었습니다. 우선 내가 받은 나눔을 먼저 종이에 쓰고 내가 준 나눔은 시간을 두고 생각했습니다. 시간이 흘러도 생각이 나질 않아서 어쩔 수 없이 연수받기 전날 일행과 나눴던 작은 일을 썼습니다.

2006년 인디애나폴리스 대학에서 열린 나눔교육 연수 중 나눔연대기 활동

　준 나눔과 받은 나눔을 적은 종이를 들고 칠판 앞으로 나가 해당하는 연도에 붙였습니다. 연수에 참가한 선생님들이 다 붙이고 나자 오랜 시간이 지난 곳에는 종이가 별로 없고 최근에는 종이가 많이 붙어 있었습니다. 이러한 결과를 보면서 서로 이야기를 나누기 시작했습니다.
　이야기를 하다 보니 나만 내가 준 나눔이 생각나지 않았던 게 아니었습니다. 같이 연수에 참가했던 연구회 선생님과 간사님은 물론 연수를 같이 받는 미국 선생님들 모두 자기가 받은 나눔은 생각이 잘 나는데 자기가 준 나눔은 생각이 잘 나지 않는다는 것이었습니다. 그래서 받은 나눔은 아주 오래 전 경험도 기억해서 쓴 사람들이 많았지만, 준 나눔은 최근의 경험들이 대부분이었습니다. 그러다 보니 하트 모양은 골고루 붙어 있는 반면에 손바닥 모양은 오른쪽에 많이 붙어 있었던 것입니다.

왜 받은 나눔은 오래 전 경험까지 기억이 잘 나는데 준 나눔은 기억이 나지 않은 걸까요? 결과에 대해 이야기를 하면서 우리는 우리만의 결론을 내렸습니다. 나눔을 주는 경험보다는 받는 경험이 더 많기 때문일 수도 있지만, 내가 누군가에게 주는 것보다 받는 것을 더 소중하게 여기는 것이라고 말입니다.

한국으로 돌아온 뒤 나눔교육 연수에서 나눔연대기 수업을 합니다. 교육대상이 선생님들이건 복지관 아이들이건 일반 학부모건 상관없이 미국에서 제가 연수받았을 때와 똑같은 결과가 나옵니다. 국적이나 남녀노소를 불문하고 받은 나눔은 골고루 나오지만 준 나눔은 최근 것에 몰립니다. 누구나 내가 받은 것은 오래도록 기억하지만 내가 준 것은 잘 기억하지 못합니다.

교실에서 아이들과 이 활동을 한다면 어떨까요? 해마다 아이들과 함께 나눔연대기 수업을 해보지만 아이들에게서도 마찬가지 결과가 나옵니다. 그렇다면 아이들에게 이런 결과를 가지고 어떤 이야기를 해주면 좋을까요?

"우리가 친구들에게 오래 기억에 남고 싶으면 나눔을 받아야 할까요, 나눔을 주어야 할까요?"

아이들은 조금 고민을 하다가 이렇게 대답을 합니다.

"나눔을 주어야 해요."

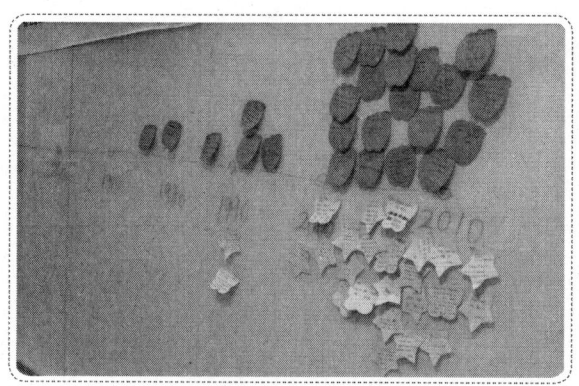

2010년 인천서부교육청 교사연수에서 한 나눔연대기 활동

"옛말에 가는 말이 고와야 오는 말이 곱다는 말이 있지요? 왜 오는 말이 곱다를 먼저 말하지 않고 가는 말이 곱다를 먼저 말했을까요? 맞아요. 내가 먼저 고운 말을 써야 상대방도 고운 말을 쓴다는 얘기지요.

나눔도 마찬가지예요. 내가 먼저 나누지 않으면 상대방도 나누지 않아요. 반대로 내가 먼저 나누면 상대방도 나눌 수 있어요. 여러분도 좋은 친구를 만들고 싶으면 친구들이 다가오기를 기다리지 말고 먼저 친구들에게 나눔을 실천해보세요. 친구들에게 오래 기억이 되고 싶으면 먼저 나누세요. 그러다 보면 여러분 주위에 좋은 친구들이 많이 생길 거예요."

아이들과 나눔연대기 활동을 한 뒤에는 아이들이 붙인 사연들을 반드시 모두 읽어줍니다. 시간이 많이 걸리기는 하지만 사연을 읽어

2011년 우리 반 아이들이 붙인 나눔연대기

주는 동안 우리 반은 나눔이 넘치는 행복한 반이 됩니다. 모두가 나눔을 받기도 했지만 주기도 했으니까요. 누구나 나눔을 실천하는 나눔반이 되는 것입니다.

가끔은 이름을 쓰지 않고 누구의 사연인지 맞춰보는 시간을 갖기도 합니다. 그러면 가끔 의외의 아이들이 멋진 사연의 주인공이 돼서 아이들에게 새로운 모습으로 인식되기도 합니다.

그동안 나눔연대기에 많은 사연들이 올라왔는데 그 가운데 잊지 못할 사연 몇 가지를 소개합니다.

 쥰나눔

## 아이들의 글

- 악수하면서 좋은 마음을 친구에게 나누어주었다.
- 친구 생일 때 필통을 선물했다.
- 작년 가을 버스에서 할머니께 내 자리를 나누어드렸다.
- 6살 때 친구가 문제를 어려워해서 친구랑 같이 문제를 풀었다.
- 8살 때 택배 왔을 때 받았다.
- 8살 때 나의 엄마가 아파서 내가 대신 요리를 도왔다.
- 8살 때 외할머니께 안마를 해드렸다.
- 축구할 때 친구팀이 지고 있을 때 내가 합류해서 승리했다.
- 동생이 다쳤을 때 연고를 발라주었습니다.
- 동생에게 장난감을 양보했다.
- 친구가 우유를 교실로 가지러 갈 때 무거우니까 도와줬다.
- 할머니께서 친척언니에게 심부름 하라고 했는데 싫다고 해서 내가 했다.

## 어른들의 글

첫 월급을 받게 된 2008년 나에게 기다리던 아이가 생겼다. 월드비전을 통해 입양한 내 아드

친구가 속상해서 울고 있을 때 같이 옆에서 울어준 일

다문화 가정 어머니들에게 한국 노래 가르쳐 드리기

노총각을 구제한 것. 베트남 처녀를 소개해 주었다.

치매로 누워 계시는 시아버지께 좋아하시는 '두유'가 떨어지기 전에 얼른 사다 놓은 일

외할머니와 함께 지낼 때 이야기도 들어주고 맛있는 음식도 함께 먹었던 것

할머니께 '비 내리는 영동교' 노래를 가르쳐 드린 일

작년 아버지께 문자 넣는 방법을 알려드렸다. 여태껏 한 번도 들어보지 못한 말을 문자를 통해 받았다. "작은 딸, 사랑한다."

힘든 일에 버거워하는 언니를 위해 "언니는 존재만으로 사랑스러운 사람이야. 정말이야." 라고 말해줌.

우리 반 아이들에게 얼마 전 나의 어린 시절 조금은 부끄럽고 위험했던 경험을 얘기해준 것

유치원 때 6개월 어린 사촌동생 밥그릇에 불고기를 찢어 올려줌.

우리 반 아이들과 나누어 먹으며 행복한 시간 보내려고 밤새 쿠키 굽고 계란 삶고 빵 만들었던 일

급히 통화를 하셔야 하는 어르신께 나의 휴대폰을 빌려드린 것

11시가 넘었는데도 마트 의자에 앉아 혼자 졸고 있는 아이에게 햄버거를 사주며 집에 가라고 충고해줬다.

 받은 나눔

## 아이들의 글

- 참사랑 밥터에서 선생님께 칭찬을 받았다.
- 동생이 내가 아플 때 내가 하는 심부름을 해 주었어요.
- 아프고 화장실 갈 때 언니가 도와줬다.
- 게임에서 어려운 단계가 있었는데 형이 깨줬다.
- 친구 지민이와 시후가 나를 웃게 해 줬다.
- 8살 때 버스에서 잠들었는데 누가 깨워줬다.
- 내가 배가 고프다고 얘기하니 아빠가 샌드위치를 만들어 주셨다.
- 8살 때 5시간이나 아파서 보건실에 누워 있었는데 시호는 집에 가자고 그랬고 등등 도움을 받았다.
- 초등학교 3학년 때 도시락을 싸오지 못해 엎드려 있는 내게 밥과 반찬을 나누어주신 선생님
- 내가 아플 때 형이 나한테 따뜻한 물을 갖다 주었다.
- 이모가 나에게 한글을 가르쳐 주셨다.
- 엄마에게 빼빼로를 받았다.
- 어린이 집에서 선물을 받아서 기분이 좋았습니다.
- 엄마 아빠가 내게 피와 살과 사랑을 나눠주셨다.
- 우체부 아저씨가 길을 잃고 울고 있는 나를 집에까지 바래다주셨다.
- 목욕탕에서 누가 내 등을 밀어주었다.
- 5살 때 내가 쉬가 마려운데 화장실이 어디 있는지 몰랐는데 경비 아저씨가 화장실이 어디 있는지 알려주셨다
- 7살 때 내가 꽃에 물을 주는데 꽃이 너무 많아서 친구가 도와줬다.

## 어른들의 글

- 아들을 선물로 받음
- 직장 생활로 아이 맡길 데가 갑자기 필요했던 긴박한 상황에서 도와준 옆집 언니
- 첫 아이를 임신했을 때 집 앞 과일가게 아저씨가 뱃속 아가에게 주는 선물이라며 덤으로 얹어준 귤 2개
- 몽골에서 홈스테이를 하던 때 소똥을 밟아 울상이 된 나에게 그 귀한 물을 내 발 씻는 데 흔쾌히 나눠주셨다.
- 나의 감정을 있는 그대로 들어주는 동료와의 만남
- 나의 짜증과 화를 묵묵히 받아주시는 엄마
- 업무에서 실수했을 때 "괜찮아, 누구나 실수할 수 있어."라고 격려해주던 선배님
- 처음 발령받아 만났던 아이들이 학년 말 내게 주었던 편지
- 학교에서 너무 아팠는데 아이들이 너무나도 나를 걱정하며 괜찮냐고 100번 정도 묻는 마음을 받았다.
- 고향에 계시는 어머니께서 국을 보내주시기 위해 1인분 양으로 봉지봉지 나누어 담아 꽁꽁 얼려서 보내주신 택배를 열었던 순간
- 언니들과 이야기하던 중 "아! 나는 요즘 꽃 달린 신발이 신고 싶어" 했는데 한 달 후 나는 꽃 달린 여름 샌들이 네 개가 되었다. 하나는 내가 산 거, 또 하나는 둘째 언니가, 다른 두 개는 셋째 언니가 사준 거. '아~ 행복해라.'
- 초등 6학년 때 담임샘께서 고3 수능 보기 전날 응원 전화를 해 주심
- 초등학교 1학년 때 내 하찮은 생일선물(돈이 없어서 쓰던 종이지갑을 주었음)을 가장 기뻐해주면서 나를 꼭 안아준 그 아이
- 시아버지께서 손자 내복 구멍 난 것 보시고 몰래 내 코트에 돈을 넣어주신 일
- 인생의 반려자를 받은 것
- 초등학교 6학년 나의 교실 토를 닦아준 친구
- 두 번째 데이트 때 사랑니 뽑은 나를 위해 죽집을 검색해서 데려가준 그 매너남

# 아이들은 어떤 때
# 고마움을 느낄까?

아이와 함께 나눔연대기 활동을 해보면 아이가 언제 받은 나눔이 가장 기억에 남는지, 언제 준 나눔이 가장 기억에 남는지 알 수 있습니다. 그래서 받은 나눔을 통해서는 아이가 고마워하는 것이 무엇인지, 준 나눔을 통해서는 아이가 잘하는 것이 무엇인지 알 수 있습니다. 그것에 따라 부모로서 아이에게 무엇을 해주면 좋은지, 아이가 어떻게 했을 때 고마움을 표현하면 좋은지 알게 됩니다. 서로 받고도 모르고 주고도 모르는 것이 많습니다. 서로 알아주게 되면 더욱 나눔이 쉬워지고 재미있어집니다.

또 연대기를 하루 단위로 하는 것도 좋습니다. 하루 중 받은 나눔 가운데 가장 기억에 남는 나눔과, 준 나눔 가운데 가장 기억에 남는 나눔을 써보는 것입니다. 하루 단위로 작게 생각하면 아이들이 생각하는 나눔에 대해 더 자세히 알 수 있습니다. 이런 과정을 통해서 부모들이 아이들에게 해야 할 행동과 하지 말아야 할 행동을 자연스럽게 알게 됩니다.

나눔 02 교육

# 띠앗놀이

　나눔도 경쟁이 가능할까요? 저는 경쟁 논리를 경계하는 교사이지만 나눔에 있어서는 그리 경계할 필요가 없을 것 같습니다. 아무리 경쟁해도 지나치지 않은 게 나눔인 것 같습니다. 나눔을 경쟁하도록 하는 활동으로 아름다운재단 나눔교육 교사연구회 최서연 선생님의 아이디어로 처음 시작하게 된 띠앗놀이라는 것이 있습니다.
　띠앗이란 형제나 자매 사이의 우애심을 뜻하는 순우리말입니다. 띠앗놀이를 간단히 설명하자면, 각 팀마다 띠앗을 한 명씩 정하고 상대 팀의 띠앗이 누구인지 알아내면 활동에서 이기게 되는 놀이입니다. 놀이에서 이기려면 여러 친구들이 띠앗을 들키지 않도록 보호해야 하죠. 아이들은 저마다 띠앗처럼 보이도록 행동하는 게 최선이라는 것을 곧 깨닫게 되고, 이 때문에 띠앗을 도와 나눔활동을 하게 됩니다. 왜냐하면 띠앗의 임무가 나눔활동이기 때문입니다.

우선 띠앗을 뽑는 방법부터 알아보겠습니다.
1. 한 반을 두 팀으로 나눕니다.
2. 두 팀이 서로 책상을 마주보고 앉게 한 뒤, 각 팀의 띠앗을 뽑습니다.
3. 먼저 띠앗을 뽑을 팀은 그대로 앉아 있고 상대 팀은 모두 책상에 엎드리게 한 뒤, 띠앗을 뽑을 팀에게 띠앗 카드를 나눠줍니다. 띠앗 카드는 한 장에만 띠앗 표시가 되어 있고 나머지는 모두 띠앗의 친구입니다.
4. 띠앗 카드를 받은 사람이 띠앗이 됩니다. 이때 표정관리가 중요합니다. 괜히 놀라거나 웃게 되면 누가 띠앗인지 드러나게 됩니다. 띠앗의 임무는 같은 팀이 알게 할 수도 있고 모르게 할 수도 있습니다. 알게 할 경우 모두가 함께 띠앗의 임무를 수행하는 것이고, 모르게 할 경우엔 띠앗의 임무를 모르는 상태에서 각자 자기가 띠앗인 것처럼 나름대로 임무를 수행하는 것입니다.
5. 이번에는 반대로 띠앗을 뽑은 팀은 엎드리도록 하고 상대 팀에게 띠앗 카드를 나눠주어 띠앗을 뽑습니다.

띠앗을 뽑고 나서는 팀원끼리 협의할 시간을 줍니다. 이때 누가 어떤 역할을 맡을지 결정합니다. 띠앗인 것처럼 행동할 사람, 다른 팀의 띠앗을 찾을 사람 등의 역할을 정합니다. 협의가 끝난 뒤 띠앗은 그 날 안에 선생님께 임무를 정해서 알립니다. 대략 5~10개 정도의 임무를 정해서 문자나 이메일로 보냅니다. 띠앗에게 어떤 임무를 수

띠앗 카드와 띠앗 친구 카드

### 띠앗 임무의 예

1. 다투거나 심한 장난을 하는 친구들 상황에 끼어들어 화해의 다리 놓아주기
2. 틈틈이 책꽂이 정리
3. 주변 친구들 자리에 있는 쓰레기 주워주기
4. 점심시간 현지 도와주고 놀아주기
5. 만약 칠판이 지워져 있지 않을 때 지우기

행할 것인지 받으면 선생님은 임무가 적절한지 살펴보고 적절하지 않은 것이 있거나 그 반에 따로 필요한 임무가 있으면 조정해서 다시 띠앗에게 보냅니다.

임무를 수행하는 기간은 1주일에서 2주일 정도가 적당합니다. 띠앗놀이는 저학년에서는 아이들 사이에 비밀이 지켜지지 않기 때문에 힘들고 주로 4학년 이상에서 할 것을 권합니다. 그리고 고학년으로 갈수록 기간을 늘려주는 것이 좋습니다.

띠앗이 임무를 수행하는 기간에 띠앗이 누구인지 짐작이 되면 언제든 띠앗쪽지에 이름을 적어 게시판에 붙여놓을 수 있습니다. 같은 팀끼리 서로 상의해서 띠앗쪽지를 쓸 수도 있습니다. 정해진 기간이 지나면 띠앗이 누구인지 발표하는 시간을 갖습니다. 먼저 띠앗쪽지를 모두 떼어와 하나씩 읽어주고 후보자 명단에 올립니다. 띠앗쪽지에는 없지만 더 추천할 친구가 있으면 그 까닭을 자세히 이야기하고 추천합니다. 그 까닭을 말하는 과정에서 아이들은 친구들의 나눔활동에 대해 칭찬하게 되고 자연스럽게 칭찬하고 칭찬 받는 분위기가 됩니다. 각 팀은 상의해서 상대 팀 후보 중 가장 많은 지지를 받는 사람 한 명을 띠앗 후보로 정합니다. 후보자들에게 띠앗 카드와 띠앗 친구 카드를 원래의 역할에 맞게 다시 나누어준 뒤, 한 명씩 역할을 밝힙니다. 이때 반드시 아이들이 한 나눔활동에 대해 구체적으로 칭찬을 합니다.

띠앗이었던 아이는 본인의 임무를 밝히고, 그 임무를 수행하는 것을 본 목격자를 찾습니다. 임무를 성공적으로 수행했다고 인정되면 띠앗 역할을 잘 끝마친 팀에게 특별한 권리를 줍니다. 학급 저금통에 기부를 할 수 있는 상을 주는 것입니다. 역대 띠앗들은 기념촬영을 한 사진과 함께 수행한 임무를 적어 교실 뒤쪽에 마련한 명예의 전당에 올리게 됩니다.

　사춘기에 접어든 아이들은 서로 칭찬하는 일을 어색해하고 부끄러워하지만, 띠앗쪽지를 이용하면 칭찬하고 칭찬받는 일이 자연스러워집니다. 그리고 띠앗놀이를 통해 자신 있게 나눔활동을 할 수 있는 환경이 조성됩니다. 선생님께 잘 보이려고 한다거나 혼자만 잘난 척한다는 비난을 받지 않게 됩니다.

　이 활동은 한 해 동안 꾸준히 진행해야 대부분의 아이들이 띠앗의 기회를 얻을 수 있고 활동의 효과도 극대화됩니다.

나눔 **03** 교육

# 지식시장

아이들은 배우는 것도 좋아하지만 가르치는 것도 무척 좋아합니다. 기회가 없어서 그렇지 기회만 되면 잘 가르치는 아이들도 있습니다. 그리고 가르치면서 자기가 알고 있는 지식이 더욱 확실해지는 경우가 많습니다. 남을 가르치는 시간이 아까운 시간을 낭비하는 게 아니라는 것입니다. 가르치면서 서로에 대한 배려나 이해도 많이 하게 됩니다. 상대에 대한 나눔이 커지는 계기가 되기도 합니다. 이렇듯 남을 가르치면서 배우는 것들이 많습니다. 교사는 아이들에게 이런 기회를 주기만 하면 됩니다.

아이들에게 서로를 가르쳐줄 수 있는 기회를 주기 위해 지식시장이라는 활동을 합니다. 지식시장은 나눔장터와 비슷한 개념으로, 자신이 알고 있는 지식을 친구들에게 알려줄 수 있는 시간을 마련해주는 것입니다. 먼저 자기가 나누고 싶은 지식을 소개하는 시간을 갖습니다. 친구들이 자기의 지식을 배우도록 동기유발을 시키는 것이죠. 모든 아이들이 가르쳐줄 것을 준비해오는 것은 아니어서 모두가 발표하지는 않습니다. 그렇다고 혼내거나 다그치지 않습니다. 왜냐하면 준비해온 친구의 지식을 배우면 되니까요.

　소개 시간이 끝나고 나면 발표한 아이들 주변으로 친구들이 모입니다. 그러면 발표한 아이는 모인 친구들에게 한 시간 동안 자기가 소개한 지식을 가르칩니다. 아이들은 친구들에게 진지하게 가르칩니다. 다른 친구들보다 빨리 배운 아이들은 다른 곳에 가서 다른 지식을 더 배울 수도 있습니다. 상호교류가 좀 더 잘 일어나게 하는 방법은 모든 아이들이 가르칠 지식을 준비해 와서 동시에 서로 가르쳐 주는 것입니다. 이때 먼저 가르친 아이는 되도록 자기가 가르쳐준 아이에게 다시 배우는 구조가 좋습니다. 그래야 서로에 대해 고마운 마음이 드니까요. 또한 어떤 아이에게는 아무도 배우러 가지 않는 경우가 생길 수 있는데 그럴 때는 교사가 유도를 해주는 것이 좋습니다.

　저학년들은 대개 취미생활과 관련된 것, 예를 들어 종이접기나 만들기 등을 준비하지만, 고학년들은 교과와 관련된 지식을 준비하기도 합니다. 특히 수학이나 영어와 관련된 지식을 준비해서 친구들이 힘들어하는 공부를 재미있게 만들어줄 수도 있습니다. 예를 들면 영어단어 잘 외우는 법이나 수학 잘하는 법, 역사공부에 도움이 되는 책 소개 등이 있습니다. 또한 단기간에 가르치기 어려운 양이거나 내용일 경우 하루에 끝내지 말고 일주일이나 그 이상으로 기간을 정해 가르치게 하면 더 좋습니다.

2011년 지식시장에서 실뜨기를 가르쳐주고 배우는 모습

　2011년 지식시장에 나왔던 지식은 종이접기, 블록 만들기, 그림그리기, 실뜨기, 하모니카 불기, 무용 등이 있었습니다. 지식시장이 끝나면 그대로 끝내기보다는 서로 배운 것들을 이용해서 공연을 해도 좋고 전시회를 해도 좋습니다. 배우고 익혀서 표현까지 하게 하는 것입니다. 그러면 다음 지식시장 때는 가르치는 아이가 미리 공연이나 전시회 준비까지 해오게 됩니다. 이렇게 되면 지식시장을 더욱 풍성하게 이끌 수 있습니다.

나눔 04 교육

# 나눔에 필요한 시간

신문 던져주는 시간 6초,

어르신과 함께 횡단보도 건너는 시간 23초,

후배에게 커피 타주는 시간 27초,

버스 벨 대신 눌러주는 시간 4초,

세상을 아름답게 하는 시간, 하루 1분이면 충분합니다.

몇 년 전 방송된 공익광고 중에서 '30초'라는 광고입니다. 하루 1분만 투자하면 사람들에게 나눔을 실천할 수 있다는 광고입니다. 그리 길지 않은 시간 1분이면 충분합니다. 나눔은 뭔가 거창하다고 생각하기 때문에 짧은 1분 동안 뭔가를 할 수 있다고 생각하지 않았을 뿐입니다. 생각을 조금만 바꾸면 짧은 시간 안에도 나눔을 실천할 수 있습니다.

교실에서 이 광고를 이용해 시간나눔에 대한 수업을 했습니다. 누군가를 돕는다고 하면 많은 시간이 걸릴 것 같은데 그렇지 않다는 내용이었습니다. 아이들도 다른 사람을 도우려면 시간이 많이 필요하다고 생각하는 경향이 있습니다. 남을 도우면 자기 시간을 손해 보는 것 같은 기분이 드는 것입니다. 우선 광고를 보여주고 내가 누군가를 도울 수 있는 시간을 적어보고 발표하게 했습니다.

작년과 올해 학부모 공개수업 때 이 수업을 했습니다. 부모님들에게는 제가 아무리 수업을 잘해도 우리 아이가 발표하지 않으면 좋지 못한 수업입니다. 그래서 제 설명이나 말은 최소한으로 하고 나머지 시간은 아이들이 발표하는 시간으로 배정했습니다. 아이들에게 광고를 보고 자기가 나눌 수 있는 시간을 적도록 한 뒤에 제가 아이들에게 다니면서 인터뷰하는 형식으로 했습니다.

1분 이내에 내가 다른 사람에게 도움을 줄 수 있는 시간을 적었는데 45초를 쓴 아이들이 가장 많았습니다. 대부분 집안일을 돕는 내용이었습니다.

"저는 45초 동안 저녁상에 숟가락, 젓가락을 놓을 수 있습니다."

듣고 있던 어머니는 신이 나서 손뼉을 치십니다.

"저는 45초 동안 저녁상에 수저를 놓고 밥을 놓고 반찬을 놓습니다."

아까 발표한 아이의 부모님보다 더 신이 나서 손뼉을 치십니다.

"저는 45초 동안 저녁상에 수저를 놓고 밥과 반찬을 차리고 설거지를 합니다."

이 아이의 어머니는 더 신이 나서 손뼉을 치십니다.

그러다 한 아이가 의외의 발표를 합니다.

"저는 4초 동안 일본 쓰나미 피해를 입은 사람들을 도울 수 있습니다."

4초 동안 돕는다고? 다들 약간 당황합니다. 특히 이 아이의 어머니와 저는 매우 당황합니다. 그냥 있으면 아이가 비난을 받을 것 같아서 순간적으로 둘러댔습니다.

"아, 4초 동안 전화 기부를 한다는 이야기구나. 좋은 아이디어다."

이렇게 다행히 위기를 넘겼던 기억이 있습니다. 어쨌든 모두가 시간의 소중함을 느낄 수 있었던 수업이었습니다.

이렇게 아이들은 평소 생각해보지 않은 시간나눔을 생각해보면서 짧은 시간 동안 누군가를 돕는 것이 불가능한 것이 아니구나, 라고 생각합니다. 적은 돈도 누군가에게는 소중하듯이 적은 시간도 누군가에게는 소중한 시간이 될 수 있다는 것을 알게 됩니다.

올해 아이들이 발표한 내용 몇 개를 옮겨봅니다.


10초 - 엄마 10초 동안 안아주기, 뽀뽀하기 : 엄마가 기뻐하니까.

8초 - 떨어진 친구 옷 걸어주기 : 기분이 좋아지니까.

10초 - 동생 윤상이랑 피아노를 갈 때 횡단보도를 손잡고 건널 때 : 동생이랑 피아노를 안전하게 가고 싶어서.

26초 - 아침에 선생님과 친구들에게 인사하기 : 아침에 사람들과 인사를 하고 나면 기분이 좋아지고 하루를 반갑게 시작할 수 있기 때문이다.

51초 - 내 언니랑 같이 눈에서 여러 가지 동물이랑 눈사람을 만들기 : 눈에서 언니랑 많이 놀고 싶으니까.

30초 - 아빠 안경 갖다 드리기 : 그래야 아빠가 책을 읽어주시니까.

20초 - 동생 우유주기 : 동생이 우유를 먹고 싶어하니까, 엄마 도와 드리려고.

5초 - 떨어진 친구 물건 주워주기 : 기분이 좋으니까.

59초 - 엄마, 아빠 신발을 신발장에 넣기 : 엄마, 아빠가 신발을 편하게 신을 수 있으니까.

54초 - 동생 책 읽어주기 : 동생이 책을 좋아해서.

40초 - 할머니 심부름하기 : 할머니가 안 힘드니까.

15초 - 친구 다쳤을 때 바쁜 일 멈추고 보건실 데려다 주기 : 바쁘더라도 친구가 먼저니까.

8초 - 떨어진 캔이나 쓰레기를 줍는 것 : 그러면 지구가 깨끗하니까.

39초 - 아빠 신발 닦아주기 : 아빠가 회사를 갈 때 편하게 가게 해주려고.

 부모 가이드

## 아이들이 집에서 할 수 있는 나눔에는 무엇이 있을까요?

학교에서 시간나눔 수업을 해보면 대부분의 아이들이 집안일을 돕는 것을 생각합니다. 집에서 이 활동을 하면 당연히 집안일을 돕는다는 것이 더 많이 나올 것입니다. 이때 부모님은 좋아만 할 것이 아니라 직접 아이와 시간을 재어보면서 정말 그 시간에 할 수 있는 일인지 아닌지를 확인해보는 것이 좋습니다. 만약 그 시간에 할 수 없는 일이라면 시간을 조정해야 할 것입니다. 아이들은 해보지 않은 것에는 막연한 생각만 가지고 있기 때문입니다. 시간을 확인하면서 부모님이 얼마나 힘든지도 알게 되고 부모님을 돕는 것도 나눔이라는 생각을 더욱 확실하게 인식하게 됩니다.

아이들이 집에서 할 수 있는 나눔에는 무엇이 있을까요?

설거지, 손빨래, 운동화 빨기, 청소하기, 밥상 차리기, 혼자 옷 입기, 쓰레기 분리수거함에 버리기, 음식물쓰레기 버리기 등 찾아보면 의외로 많습니다.

저학년 아이들에게는 스스로 뭔가를 하는 것도 부모님을 돕는 나눔이라는 것을 알려주는 게 좋습니다.

나눔 05 교육

# 장애인의 날

4월 20일은 장애인의 날입니다. 이날 하루만큼은 장애인에 대해 생각해보기 위해 아이들과 한 가지 행사를 합니다. 장애인 체험을 해보는 것입니다.

"자, 점심을 먹으러 가야 하는데 가기 전에 한 가지 약속을 하고 가겠습니다. 두 명씩 짝을 지어서 밥을 같이 먹겠습니다. 밥을 먹기는 먹는데 여러분에게 팔이 없다고 생각하고 밥을 먹는 것입니다. 다만 짝꿍에게 밥을 먹여줄 수는 있습니다."

"네? 에이 그러고 밥을 어떻게 먹어요? 빨리 밥 먹고 축구하러 가야 하는데······."

"장애인들에게 밥을 먹여주는 게 얼마나 힘든지 오늘 하루만 참고 체험해보세요."

점심 먹으러 가면서 아이들은 걱정이 하나 가득입니다. 태어나서

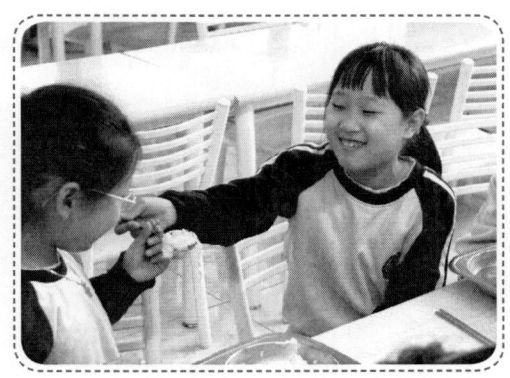
2007년 장애인의 날 행사에서

누군가에게 밥을 먹여본 적이 없으니까요. 모두 식판에 밥을 받아 자리를 잡고 앉습니다.

"자, 먹어. 아~ 해."

대부분 첫 숟가락을 크게 품니다. 빨리 먹이고 놀러 가야 하기 때문입니다. 하지만 아이들은 밥의 양이 너무 많아 다 먹지 못하고 흘릴 수밖에 없습니다.

"뭐야, 밥이 너무 많잖아. 너도 당해봐라." 하면서 다른 아이도 한 숟가락을 크게 푸고는 짝꿍의 입으로 밀어 넣습니다.

아까보다 더 많아진 밥 앞에 아이들은 모두 반도 먹지 못하고 흘리고 맙니다. 이렇게 몇 번의 실랑이가 벌어지고 나서야 아이들은 밥의 양을 조절하게 됩니다.

"미안 미안. 내가 아까 밥을 너무 많이 떴지? 조금씩 뜰 테니까 너도 조금씩 뜨기다, 알았지?"

2007년 장애인의 날 행사에서

그러면서 아이들은 서로의 입장을 조금씩 생각하게 됩니다.

앞쪽의 사진처럼 처음엔 밥도 많이 뜨고 한 손으로 주던 아이들이 위의 사진처럼 변합니다.

자기 짝이 편하게 밥을 받아먹을 수 있도록 왼손을 턱밑에 갖다 댑니다. 자기가 받아먹어 보니 상대방의 마음을 알게 되는 것입니다. 처음에는 아이들에게 장애인을 돕는 일이 생각보다 어렵다는 것을 알려주기 위해서 이 행사를 시작했습니다. 하지만 아이들은 제가 생각지도 못한 이야기들을 들려줍니다.

한쪽 팔이 없다고 생각하니
한 손으로 해야 한다는 것이
정말 힘들었고 먹여주는 걸 받아먹는 것이 힘들었습니다.
장애인에게 똑같이 배려를 해야 한다는 것을 알게 되었습니다.

- 김신영

이제부터 장애인들을 놀리지 않아야지. 착하게 대해 주어야지. 앞으로 장애인에게 엄청 착하게 대할 테야! 근데 장애인도 똑같은 사람이잖아. 착하게 대할 필요 없겠다. 그냥 똑같은 사람처럼 대해야지.

- 박혜린

아무 생각 없이 짝꿍에게 밥을 먹여주고, 짝꿍이 주는 밥을 먹었는데 먹다 보니 너무 불편했던 겁니다. 내가 불편해지니 상대방이 얼마나 불편한지를 알게 됩니다. 상대방의 입장을 자연스럽게 알게 됩니다. 그러면서 상대방에 대한 배려를 하게 됩니다. 누가 가르쳐주지 않았는데도 말이죠. 만약 봉사체험을 하기 위해 장애인 시설에 가서 하루 봉사를 하고 왔다면 아이들은 자신이 힘든 점만을 알게 되었을 것입니다. 장애인들이 힘든 점이 무엇인지는 모르는 채로 남아 있겠지요. 분명 나눔활동이라고 생각하고 왔지만 상대방이 원하는 것이 뭔지 모르는 상태로 자신이 주고 싶은 것을 주고 오는 것입니다. 하지만 장애인의 입장이 되어서 밥을 먹어본 아이들은 상대방이 원하는 것을 정확히 알게 됩니다.

나눔 **06** 교육

# 재능나눔장터

요즘 나눔장터 중에 아이들이 가장 재미있어 하는 장터가 재능나눔장터입니다. 재능나눔장터는 나눔장터와 재능나눔을 결합한 것입니다. 물건을 파는 것이 아니라 자기의 재능을 친구들에게 파는 것입니다. 재능나눔장터는 두 가지 형태로 진행됩니다.

하나는 자기의 재능으로 물건을 만들어 파는 것입니다. 2006년 학급에서 아이들과 한 달 정도 종이접기와 점토놀이 등 여러 가지 만들기를 가르쳐주고 만들었습니다. 아이들은 정말 열심히 학교에서도 만들고 집에서도 만들었습니다. 나눔장터를 하는 날 아이들은 나름대로 멋지게 전시를 하고 손님을 맞을 준비를 했습니다. 다른 반과 다른 학년에 장터에 오라고 포스터도 붙이고 초대장도 나눠주면서 홍보를 했기 때문에 많은 친구들이 왔습니다. 그런데 1학년과 2학년 아이들 말고는 잠깐 둘러보다가 그냥 나가는 것이었습니다. 아무래

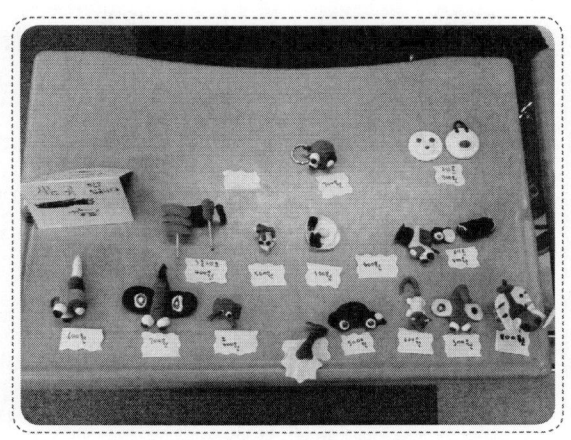

2006년 재능나눔장터 때 판매한 물건들

도 만든 물건의 질이 그리 좋아 보이지 않았나 봅니다. 그래도 같은 학년인 2학년과 후배인 1학년 친구들은 열심히 구경도 하고 질문도 하면서 물건을 사갔습니다. 이날 모은 금액만 5만원이 넘었습니다. 물론 아이들과 기부단체에 기부를 했습니다.

또 하나의 재능나눔장터는 자기의 재능으로 친구들에게 무언가를 가르쳐주는 것입니다. 앞에 나온 '지식시장'은 파는 사람과 사는 사람의 구별이 없는 반면, 재능나눔장터는 파는 사람과 사는 사람이 정해져 있어서 구별됩니다. 다시 말하면 지식시장은 같은 시간에 지식을 팔 수도 있고 살 수도 있지만, 재능나눔장터는 같은 시간에 파는 사람은 팔기만 하고 사는 사람은 사기만 합니다. 그래서 수강권을 팔고 일정 기간 가르쳐주게 됩니다.

먼저 자기 재능을 팔고 싶은 아이가 나와서 친구들에게 자기의 재능을 홍보합니다. 그것을 들은 친구들은 자기가 배우고 싶은 재능을 가진 친구에게 가서 수강권을 삽니다. 재능에 따라 수강기간은 일주일이 될 수도 있고 한 달이 될 수도 있는데, 그 기간에 친구에게 그 재능을 배우는 것입니다. 그리고 수강기간이 끝나면 배운 재능으로 친구들 앞에서 발표회를 합니다.

저학년들은 주로 종이접기나 마술 등 만드는 재능이 주를 이루는데 고학년들은 교과를 가르쳐주는 재능을 팔기도 합니다. 수학이나 영어 등을 가르쳐주는 것이지요. 수강권을 살 때 돈을 내기 때문에 문제가 생길 수도 있겠다 싶지만 돈은 모두 기부를 하기 때문에 크게 문제가 되지 않습니다. 자기의 재능을 팔아 그 돈으로 기부를 하기 때문입니다.

얼마 전부터는 첫 번째 재능나눔장터보다는 두 번째 재능나눔장터를 합니다. 누군지도 모를 사람에게 팔기 위해 물건을 만드는 것보다는 같은 반 친구들과의 관계 맺기를 통해서 재능을 나눌 수 있는 장터가 아이들에게 더 매력이 있는 것 같습니다.

나눔 07 교육

# 나만의 백과사전

　미래사회에는 자신이 필요한 자료를 정보로 만드는 기술이 필요하다고 합니다. 그래서 요즘 프로젝트 학습이나 적시학습이라는 것이 주목을 받고 있습니다. 그런 교육을 어렵게 생각하면 어렵지만 쉽게 생각하면 쉬울 수도 있습니다.

　나만의 백과사전 만들기는 자기가 관심 있는 것에 대한 자료를 모아 책을 만드는 활동입니다. 우선 공책을 한 권 준비합니다. 그리고 자기가 관심 있는 주제를 하나 정합니다. 예를 들면, 자동차, 꽃, 우주선, 동물 등입니다. 표지에 빈 종이를 붙이고 주제와 이름을 쓰고 꾸밉니다. 준비한 공책에 주제와 관련된 자료를 인쇄해서 붙여도 되고, 베껴 써도 되고, 그림을 그려도 됩니다. 다만 자기가 이해한 것들만을 모으도록 합니다. 주제와 관련된 자료를 한 권의 공책에 모으는 것입니다. 공책을 모두 채우면 한 권의 백과사전이 됩니다. 완성된

2009년 학급문고에 전시한 백과사전들

　백과사전들은 학급문고에 전시합니다. 아이들은 친구들이 만든 백과사전을 매우 좋아합니다. 그래서 학급문고 중 가장 많이 대출하는 책이 됩니다. 왜냐하면 자기들의 눈높이로 만든 책이기 때문에 아이들 수준에 맞는 책이기도 하고, 질문이 생기면 바로 저자에게 물어볼 수도 있기 때문입니다.

　한 권의 백과사전을 완성하는 아이는 한 반에 열 명 정도 됩니다. 나머지 아이들은 하다가 중간에 그만둡니다. 그래도 뭐라고 하지 마세요. 자신의 성향과 맞지 않는 것일 뿐이니까요. 대신 친구들이 만든 백과사전을 열심히 봅니다. 백과사전을 완성한 아이들을 대상으로 두 번째 백과사전 만들기를 제안합니다. 첫 백과사전이 주제와 관련된 자료를 특별한 의미 없이 모은 것이라면 두 번째 백과사전은 주제를 정하고 차례를 정하게 합니다. 차례에 맞는 자료를 순서대로 모아서 배열하는 것입니다. 의미 없던 자료를 정보로 만드는 과정입니다.

이렇게 하면 백과사전의 수준이 훨씬 높아집니다. 물론 이것을 완성하는 아이들은 더 적지만 자신의 지식을 나누는 데 이만한 활동이 없습니다.

작년 같은 경우 한 아이가 2주일 동안 모두 5권의 백과사전을 만들어 왔습니다. 주제도 야구, 공룡, 자동차 등 다양합니다. 그것도 인쇄해서 붙이거나 사진을 오려 붙인 게 아니라 직접 쓰거나 그린 것들이었습니다. 많은 시간을 투자한 것이 그대로 눈에 보이는 백과사전들이었습니다. 그 아이가 얼마나 자기의 지식을 정리하고 자랑하고 싶었으면 그랬을지 충분히 이해가 갔습니다. 한 반에 한두 명은 꼭 자기의 존재를 이런 식으로 드러내고 싶어하는 아이가 있습니다. 나쁘지 않습니다. 자신의 지식을 다른 사람과 충분히 나눌 수 있기 때문입니다.

이 활동을 할 때 특히 주의를 기울여야 할 것이 있습니다. 다른 사람의 지식을 내가 원하는 대로 이용해서 새로운 지식을 만드는 것이라고 볼 수 있기 때문에 지적재산권이라는 개념이 중요합니다. 아무 자료나 마음대로 가져다 쓸 수는 없습니다. 그래서 이용한 자료의 출처를 꼭 밝히도록 교육해야 합니다. 요즘 논문 표절 등의 시비가 사회 문제가 되고 있는데 어려서부터 제대로 된 교육을 받지 못해서 그렇습니다. 출처만 밝히면 아무 문제가 없는데 마치 자기가 쓴 것인 양 해서 문제가 됩니다. 그래서 아이들과 백과사전 활동을 할 때는 반드시 각 면 아래나 책 맨 뒤쪽에 어떤 자료를 참고했는지 표시하도록 하는 것이 필요합니다.

나눔 08 교육

# 방학 1% 나눔

해마다 방학이 되면 나눔 숙제를 내줍니다.

"어린이 여러분, 방학의 1%를 나누고 오세요. 그리고 그 결과를 보고서로 내주세요."

아이들은 처음에는 아우성을 칩니다.

"선생님, 나눔도 숙제가 있어요? 너무하세요."

하지만 숙제의 내용이 뭔지 알고 나면 모두 부담 없이 해옵니다.

작년(2011년)에 아이들이 낸 방학 1% 나눔 보고서를 보겠습니다.

제목 : 월드비전

우리보다 가난하고 어렵게 살아가는 사람들을 위해서
저는 엄마와 함께 매월 3만원을 내고 있습니다.
우리의 3만원이 가난한 사람들의 음식과 옷이
돼줄 수 있습니다. 저는 방학 1% 나눔을 전기를
많이 쓰지 않기, 물을 아껴 쓰기 같이 쉬운 것으로
하려고 했는데, 마침 제 엄마께서 숙제로 보고서를
잘 낼 수 있고 엄마한테도 좋은 것을 찾았다고 하셨는데
그게 바로 월드비전이었습니다.
그전에도 엄마께서 월드비전에 가입하시고 싶다고 하셨는데
정말 기뻤습니다. 그래서 저는 월드비전에 가입을 하고
매월 3만원을 내고 있습니다. 3만원을 엄마와 같이 낼 때마다
뿌듯하고 좋은 느낌이 들었습니다.

저는 용돈을 모아서 저금을 합니다.
그 용돈은 매달 어려운 친구들을 돕기 위해 기부를 합니다.
물론 적은 금액이지만 어려운 친구들에게 꼭 도움이 되었으면 하는
바램입니다. 이번 여름엔 아토피캠프에 기부가 되었다고 합니다.

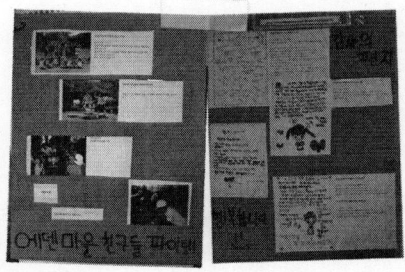

1. 쓰레기 줍기
   방학 때 엘리베이터에서 바나나 껍질을 쓰레기통에 버렸다. 바나나 껍질을 밟으면 다른 사람들이 넘어져서 다칠 것 같아 쓰레기통에 버려야 된다고 생각한다.

2. 숟가락 젓가락 놓기
   아침때 집에서 숟가락 젓가락을 식탁에 놓았다. 엄마를 도와주지 않으면 힘들 것 같아 숟가락 젓가락을 식탁에 놓지 않으면 엄마가 힘들 것 같았다.

3. 조부모와 부모님 어깨 주물러주기
   방학 때 할머니 집에서 할머니가 요리를 한 후 어깨가 아파 보여서 주물렀다.

나는 학원에서 문제가 어렵다고 우는 친구를 위로해주었다.
엄마가 집 안 청소를 할 때 도와드렸다.
밥 먹을 때 항상 내가 수저를 놓았다.
작아서 입지 않는 옷을 모아 이종사촌에게 주었다.
시골에 가서 할머니가 고추 따는 일을 도와드렸다.
소 먹이 주는 일을 도와드렸다.
이모할머니가 가게를 정리하실 때 물건도 정리해드리고 쓰레기도 치워드렸다.
지하철에서 할머니께 자리를 양보해드렸다.
시골할머니께 안부전화를 드렸다.
동네 어른들을 만나면 인사를 드렸다.
아빠의 손과 어깨를 주물러드렸다.
사촌동생들을 보살펴주었다.
실내수영장에 놀러 갔을 때 먼저 타는 사람들에게 튜브를 나누어주었다.
수영장에 갔을 때 바닥에 있는 킥판과 거북이를 정리했다.

오늘 우리 엄마와 나는 뉴스를 보았다. 그런데 어느 지역에 물난리가 나서 집을 잃고 산사태가 나서 많은 수재민들이 있었다. 나와 엄마는 우리 소하동에 물난리가 나지 않은 것을 다행으로 여기지만 한편으로는 또 집을 잃고 아직 먼 길 가야 되는 수재민들이 걱정되고 불쌍했다. 엄마는 불쌍해서 눈물이 눈에 그렁그렁 맺혔다. 나도 엄마에게 무슨 도움을 줄 거냐 없냐고 물었더니 갑자기 전화기를 집어드시더니 ARS에 전화해 수재민들에게 희망의 말을 남겼다. 나도 그랬다. 그리고 3000원 기부했다. 난 기분이 좋고 마음이 편했다. 우리나라에 큰 자연재해가 일어나지 않았음 좋겠고 있더라도 큰 인명피해를 남기고 가지 않으면 좋겠다.

제목 : 아픈 동생 돌보기
날짜 : 8월 3일(수)
장소 : 우리 집
내용 : 동생이 며칠 동안 많이 아팠다. 입안과 목구멍에 염증이 생겨서 아무것도 못 먹고 울기만 했다. 하루 동안 옆에서 동생 돌봐주기로 엄마와 약속을 했다. 나는 눈물을 닦아주고 약도 갖다 주고 다리도 주물러줬다. 내 장난감도 주었다. 동생을 돌보는 것이 쉬운 줄 알았는데 너무 힘들었다. 엄마가 많이 힘드시겠다고 느꼈다. 앞으로 엄마를 많이 도와드릴 것이다.

우리 집에 88세 외할머니가 계시는데
그런데 기억력 안 좋은 할머니를
나에게 보주라고 하셨다.
우리 할머니는 염동에 사신다.
돌보아주는 아줌마도 오신다.
나는 할머니와 TV도 보고
공 가지고 던지기놀이도 한다.
엄마는 할머니 때문에 늘 걱정이 많다.
할머니가 건강해졌으면 좋겠다.
우리 가족은 일요일에 교회에 가서
할머니를 위해서 기도를 한다.
나도 기도하고 할머니를 사랑한다.

한 나눔 : 재민이 챙겨주기(1시간)
느낌 : 재민이가 귀여워서 힘도 들지 않고 재민이가
 말도 잘 들어서 즐거운 나눔이었다.

한 나눔 : 아빠 약과 물 챙겨드리기(20분)
느낌 : 좋은 일을 하니 뿌듯하고 이런 일을 하면
 걷기도 하니까 좋은 일이다.

한 나눔 : 엄마 설거지 도와드리기(30분)
느낌 : 설거지는 즐거운 것 같은데 매일 하면 질리시나 보다.
 이제 번갈아가며 설거지를 할 것이다.

한 나눔 : 빨래 꺼내다 드리기(10분)
느낌 : 꺼내서 드리는 것이 왠지 기쁘고 남을 기쁘게 하니까 즐겁다.

한 나눔 : 엄마 핸드폰 전화 오면 갖다드리기(5분)
느낌 : 쉬운 나눔이다. 그래도 언제 갖다드리는지 몰라서 조금 힘들다.

한 나눔 : 동생 놀아주기(55분)
느낌 : 나도 즐겁고 남도 즐거운 재미 나눔이다.

한 나눔 : 밥 차리는 것 돕기(1시간)
느낌 : 아주 즐거웠다. 밥 차리는 게 귀찮은 이유가
 무엇인지 모르겠다.

제목 : 모기잡기
나는 가족들을 위해 모기를 잡았다.
우리 집은 1층이라서 모기가 많다.
그래서 파리도 가끔 들어온다.
모기를 잡는 방법은 파리채로 잡거나 손뼉을 치거나
모기약을 뿌리는 것과 벽을 치는 것이다.
잘 때에는 모기장을 치고 자지만 생활 속에서는
모기장을 치고 생활할 수 없으므로 모기에 자주 물립니다.
생활 속에서는 공부할 때도 공부를 방해하고
먹는 물에 모기가 빠지기도 합니다. 그리고 등등……
여러 종류로 방해합니다.
모기를 파리채로 잡으려고 노력했으나
모기가 날아다녀서 잡을 수가 없었습니다.
또 손뼉을 치며 잡아보려고 했지만 안 돼서
모기약을 뿌렸습니다. 모기잡기는 정말 힘든 일입니다.

1. 사용하지 않는 방의 불끄기
2. 식사시간에 먹을 만큼만 담고 남기지 않고 다 먹기
3. 가까운 거리는 차를 타지 않고 엄마와 걸어가기
4. 집에서 사용하지 않는 물건은 아름다운가게에 기부하기
5. 엘리베이터 대신 계단을 이용하기
6. 작은 빨래는 비누를 쓰고 합성세제 사용 줄이기
7. 내 용돈으로 세이브더칠드런에 신생아 모자 떠서 보내기

나는 이번 방학 동안 1% 나눔의 목표를 '엄마를 도와 동생 돌보기'로 정했다.
왜냐하면 동생이 태어난 지 3~4개월밖에 안 되어서 안 그래도 바쁜
엄마가 더 바빠지셨기 때문이다.

### 1. 아기 목욕시키기
보통은 엄마와 아빠께서 아기 목욕을 시키시지만 아빠가 안 계실 때면
내가 엄마를 도와 아기를 씻겼다. 아기가 발을 첨벙거려서 가끔 물벼락을
맞기도 하지만 아기가 깨끗해진 모습을 보면 내 마음까지 깨끗해진 것
같아 기분이 좋았다.

### 2. 아기 젖 먹이는 것 돕기
내가 하루에도 여러 번씩 하는 일이다. 엄마가 "우리 아기 쭈쭈 먹자."
하시면 나는 바로 "누나 출동!" 하고 달려가 엄마 허리에 수유쿠션을
끼워드린다. 그런 다음 엄마 팔이 아프지 않도록 팔 밑에 작은 방석을
접어서 끼워드리고 아기 수건도 한 장 가져다 드린다.
아참, 만일을 위해서 수유쿠션 주머니에 항상 1장씩 미리 넣어두는 센스!

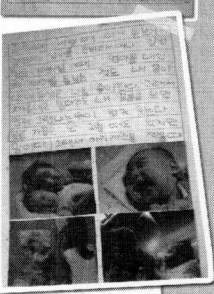

### 3. 엄마가 바쁠 때 아기 돌보기
엄마가 식사를 준비하시거나 집안일로 바쁘실 때
엄마를 대신해 아기를 돌보는 것도 내 몫이다. 내 동생은 나를 좋아한다.
그래서 짜증내고 울다가도 내 얼굴을 보면 언제 그랬냐는 듯이 방긋 웃는다.
(물론 가끔은 안 그럴 때도 있지만 말이다.)
그래서 아기 사진을 찍을 때 아기를 웃기는 것도 내 역할이다.

### 4. 아기 기저귀 준비하기
아기가 똥이나 오줌을 싸서 기저귀를 갈아야 할 때면
내가 항상 기저귀를 준비한다. 아직 기저귀는 갈아준 적은 없지만 곧 도전해볼 생각이다.

### 느낀 점
엄마를 도와 아기를 돌보는 일은 힘들기도 하지만 즐겁기도 하다.
또 바쁘고 힘든 엄마의 일손을 덜어드린다고 생각하면 매우 보람이 있는 일이다.
앞으로도 시간이 나는 대로 엄마를 도와드릴 생각이다.

아이들은 방학을 1% 나누자고 하면 크게 두 가지를 생각합니다. 용돈과 시간을 생각합니다. 용돈의 1%는 아이들마다 다르겠지만 시간의 1%는 방학을 한 달로 생각하면 대략 4시간 정도가 나옵니다. 그러니까 방학 동안 4시간을 다른 사람을 위해 사용하는 것입니다. 그것도 한 번에 4시간을 사용해도 되고 나눠서 한 시간씩 네 번 사용해도 됩니다. 아이들이 쓴 보고서에도 나오지만 용돈은 모아서 기부단체 등에 보내고 시간은 주로 집안일을 돕는 데 씁니다. 아직까지 우리나라에서 초등학생들이 시간나눔을 할 수 있도록 지원해주는 기부단체와 봉사단체가 없습니다. 아이들이 기관에 오면 기관에 도움이 되기보다는 부담이 되기 때문에 대부분 꺼립니다. 그러다 보니 자연스럽게 집안일을 돕게 되는 것입니다.

  방학 때에도 나눔활동을 할 수 있는 기회를 마련해주어 아이들이 좀 더 다양한 생활을 하면서 방학을 보내도록 유도해주면 좋겠습니다.

# 9장

⋮

모두가 행복해야 진짜 행복이에요

요즘 부모들은 이런 이야기를 많이 합니다.

"선생님, ○○이란 아이가 아이들을 괴롭히고 때려서 우리 아이뿐만 아니라 모든 아이들에게 피해를 주는데 전학 보낼 수 없나요?"

피해를 받는 아이의 부모로서 할 수 있는 말이라고 생각은 하지만 그렇다면 피해를 주는 아이를 전학 보내면 끝나는 문제일까요? 전학 간 학교에서 그 아이는 제대로 생활할 수 있을까요? 흔히 지금 당장 우리 아이에게 피해가 안 가면 된다는 생각을 많이 합니다. 하지만 크고 넓게 봐서 10~20년 뒤에 우리 사회에서 그 아이가 어떤 모습으로 살아가게 될지에 대한 생각을 해야 합니다. 나중에 어떤 더 큰 불행이 닥칠지는 아무도 모르는 일입니다.

모두가 행복한데 한 사람이 불행하다면 진짜 행복한 게 아닙니다. 그 한 사람 때문에 다른 모든 사람이 불행해질 수도 있기 때문입니다. 그래서 그 한 사람을 위해 나머지 사람들이 위로해주고 격려해주는 나눔이 필요한 것입니다. 모두가 행복한데 너만 불행하니까 너만 없으면 모두가 행복해진다는 생각보다는, 너도 행복해지기를 바라기 때문에 우리도 너를 위해 조금 기다려줄 수 있다는 생각이 필요합니다.

남는 것을 빼서 100이 되기보다는 부족한 것을 더해서 100이 되는 것이 진짜 나눔일 것입니다.

나눔 01 교육

# '빼빼로 데이' 대 '농업인의 날'

11월 11일 아침. 어김없이 제 책상은 빼빼로 전시장이 됩니다. 뿐만 아니라 아이들끼리도 경쟁하듯이 서로에게 빼빼로를 선물합니다. 초등학교 1학년 아이도 엄마가 사준 빼빼로를 아이들에게 하나씩 돌립니다. 언젠가 아이에게 빼빼로를 사 보낸 어머니께 여쭤보니 "아이들이 다 선물하는데 우리 아이만 가만있으면 아이 기죽을 것 같아서 사서 보내요. 그렇다고 한 개 보내자니 그렇고 해서 반 아이들 것 다 사서 보내는 거예요."라고 하십니다. 별 뜻 없이 남들이 하니까 한답니다. 아이들도 어느새 부모님의 행동에 길들여진 것인지 그냥 재미로 준다고 합니다.

초등학교 학생 1인당 천 원씩 빼빼로를 사는 데 돈을 쓰면 전국의 초등학생들이 대략 4억이라는 돈을 쓴다고 합니다. 4억이라는 돈이 아무런 의미 없이 대기업이나 일부 기업인에게 돌아가는 것입니다.

상인들의 상술에 아이들만 놀아나는 꼴이 되고 맙니다.

어떻게 하면 이런 돈을 좀 더 의미 있게 쓰게 할 수 있을까, 하고 고민하던 중에 우연히 달력을 보고 11월 11일이 농업인의 날이라는 사실을 알았습니다. 의미 없이 빼빼로라는 과자에 돈을 쓰느니 우리 농민을 위해 돈을 쓰는 것이 더 의미가 있을 것 같았습니다. 그래서 생각해낸 것이 '우리밀 과자잔치'입니다. 우리밀 과자를 한 봉지 사먹으면 우리밀 농사를 한 평 더 지을 수 있다고 합니다. 그래서 우리 농민들이 피땀 흘려 기른 농산물로 만든 과자를 각자 하나씩 사와서 친구들과 함께 한곳에 수북하게 쌓아놓고 뷔페식으로 먹으며 농민들에 대한 고마움을 생각하는 행사를 하게 되었습니다. 아이들도 자기들이 사온 과자 한 봉지로 우리밀 재배면적이 늘어난다는 사실에 뿌듯해했습니다.

작지만 이런 행사를 통해 아이들은 나 아닌 다른 사람을 생각하게 되고 그들과 함께 나누면서 살고 있다는 것을 깨닫게 됩니다. 나눔은 이렇게 작은 것에서 시작된다고 생각합니다. 내가 먹고 마시는 작은 것에서 나눔은 시작될 수 있고 그 작은 나눔으로 내 주위에 있는 어렵고 힘든 사람들이 행복해질 수 있습니다. 작은 습관이 큰 차이를 만든다고 볼 수 있습니다. 또한 어려서 익힌 작은 습관들은 커서 더 크고 좋은 습관과 나눔을 실천할 수 있는 밑거름이 됩니다. 그래서 어려서부터 나눔교육을 받는 것이 중요합니다.

사실 이런 행사는 주위의 의식 있는 교사들에 의해 여러 가지 형태로 이루어집니다. 모두들 의미 없이 쓰이는 돈을 좀 더 의미 있게 쓸 수 없을까 하는 고민에서 출발하는 것 같습니다. 기왕에 친구들과 나눌 것이라면 좀 더 의미 있고 좀 더 도움이 될 수 있는 곳에 나누면 좋을 것이라는 생각에서 출발하는 것일 테지요. 아이들은 선생님을 자신의 모델로 삼는 경우가 많습니다. 교사들의 이런 노력이 아이들 가슴 속 깊은 곳에 나눔의 씨앗을 심어줍니다. 가정에서의 나눔교육도 중요하지만 교사로서 나눔교육을 하는 것이 중요한 까닭이 여기에 있습니다. 더불어 나눔의 의미를 충분히 살릴 수 있으려면 교사들과 아이들이 우리 사회와 다른 사람들에 대해 좀 더 많은 관심을 가져야 하겠지요.

올해도 **빼빼로** 데이는 다가오고 텔레비전에서는 **빼빼로** 광고가 시작되겠지요. 올해도 역시 아이들과 함께 농업인의 날 행사를 할 것입니다. 누구일지는 모르지만 가슴 속에 심어질 작은 나눔의 씨앗을 생각하면서……. 많은 아이들에게 나눔의 씨앗이 심어지길 바라면서……. 사회에서 소외되고 힘들어하는 이들과 조금이나마 나눌 수 있는 기회가 되길 바라면서…….

# 우리 농산물을 이용한 간식도 만들어 먹고 몸에 나쁜 음식도 생각해보고

요즘은 빼빼로 데이가 아닌 농업인의 날을 기념해서 '가래떡 데이'라는 것을 정부에서 운영하고 있습니다. 집에서는 빼빼로 대신 가래떡을 해먹거나 우리 농산물을 이용한 간식을 만들어주면서 농부들에게 고마운 마음을 가지는 시간을 만들어보는 것도 좋겠습니다.

또한 빼빼로(특히 중국산)에 적혀 있는 성분을 함께 인터넷에서 찾아보고 그것이 얼마나 몸에 나쁜지도 살펴보면 아이들과 건강을 생각해볼 수 있는 시간도 될 것입니다. 그리고 아이들이 과자에 들어있는 성분들이 얼마나 몸에 나쁜지 스스로 생각해볼 수 있는 계기가 될 것입니다. 평소 자기가 먹는 것에 대해 얼마나 모르고 먹었는지 알고 나면 몸에 나쁜 식품을 조금은 자제를 하기도 합니다.

나눔 02 교육

# 어릴 적 내 꿈은 사과장수

어릴 때 제 꿈은 사과장수입니다.

아마도 사과를 배불리 먹고 싶은 마음 때문이었을 것입니다.

지금 제 꿈은 나눔이 가득한 북카페 주인입니다.

많은 사람들과 만남과 소통을 통해 많은 것들을 나누고 싶기 때문입니다.

해마다 학년 초에 아이들 출석을 부르면서 아이들에게 자기의 꿈을 이름에 덧붙여 대답을 하게 합니다. 대부분의 아이들이 처음엔 자기의 꿈에 이름만 붙여서 대답을 합니다.

"과학자가 되고 싶은 이정민입니다."

"경찰이 되고 싶은 서동호입니다."

"의사가 되고 싶은 박주원입니다."

"선생님이 되고 싶은 김하은입니다."

"축구선수가 되고 싶은 이철입니다."

학년 말에 다시 한 번 출석을 부르면서 자기의 꿈과 함께 대답하게 합니다. 학년 초에는 꿈에 이름만 붙여서 대답하던 아이들이 이번에는 꿈에 수식하는 말을 덧붙여서 대답을 합니다.
"사람들에게 도움을 줄 수 있는 과학자가 꿈인 이정민입니다."
"도둑을 한 명도 못 잡는 경찰이 꿈인 서동호입니다."
"어렵고 아픈 사람을 치료해줄 수 있는 의사가 꿈인 박주원입니다."
"아이들에게 나눔을 가르칠 수 있는 선생님이 꿈인 김하은입니다."
"상금을 나눌 수 있는 축구선수가 꿈인 이철입니다."
일 년 동안 아이들과 나눔을 주제로 함께한 시간들이 보람으로 느껴지는 때입니다.

어릴 때 선생님의 말 한마디는 아이들에게 매우 소중합니다. 선생님의 말 한마디는 아이의 가치관을 확 바꿔놓을 수도 있습니다. 특히 자신이 품고 있는 꿈을 구체화시켜가는 계기가 되기도 합니다. 학년 초 아이들은 막연하게 되고 싶은 직업만을 대답합니다. 어떠한 직업인이 될지에 대한 구체적인 생각이 없습니다. 하지만 일 년간 꾸준히 나눔에 대한 고민과 활동을 하는 동안 아이들은 막연했던 꿈에 대해 조금이나마 구체적인 모습들을 그려나가게 됩니다. 그 그림들이 너무나도 아름답고 믿음직스럽습니다. 자신의 이익만을 생각하던 아이들이 조금씩 주위의 다른 사람들에게 눈을 돌리게 되고 그들과 함께할 방법들을 고민하기 시작하는 것입니다. 그러다 자신의 꿈을 이루었을 때 할 수 있는 일들을 고민하기 시작합니다. 단순히 자신의 이익만을 위한 꿈에서 다른 사람과의 나눔을 생각하는 꿈으로 변하는 것입니다. 꿈을 이루기 위해 노력해야 하는 까닭이 더욱 분명해지기도 합니다.

지금 당신의 꿈은 무엇입니까? 어릴 때 가졌던 꿈을 지금도 이루기 위해 노력하고 있나요? 혹 자기 자신만을 위한 꿈을 위해 노력하고 있는 건 아닌가요? 우리 아이들의 꿈이 이뤄지려면 어떻게 해야 할까요? 나눔을 실천하는 꿈을 가진 아이들이 많아진다면 우리의 미래는 밝지 않을까요?

나눔 **03** 교육

# 기부촌지

　기부촌지를 아시나요? 해마다 스승의 날이 되면 학부모들은 선생님께 어떤 선물을 해야 할지 고민이 많습니다. 물론 선생님들도 학부모가 보내주시는 선물을 어떻게 돌려보낼지 고민합니다. 이런 고민을 싹 씻어줄 선물이 있습니다. 바로 기부선물입니다. 아름다운재단의 기부 항목 중 하나인데, 다른 사람의 이름으로 기부를 하는 것입니다. '기분 좋고, 남부럽지 않은 선물'을 줄인 말로 다양한 사례들이 있습니다. 사랑하는 내 아이에게 기부를 하기도 하고, 평생을 함께 하고픈 사람에게, 소중한 내 친구에게, 부모님에게, 사랑하는 애인에게, 존경하는 선생님, 선배님에게 기부를 하는 것입니다. 단체, 모임의 이름으로 기부를 할 수도 있습니다. 그 가운데 하나가 바로 선생님의 이름으로 기부를 하는 것입니다.

내 아이와 선생님의 이름으로 여러 가지 기부 중 하나를 골라 기부를 하면 내 아이의 선생님께 기부 카드가 배송됩니다. 아이와 함께 선생님의 이름으로 기부를 한다는 것 자체가 아이에게는 큰 교육이 됩니다. 선생님께도 자기 이름으로 기부를 했다는 카드가 오기 때문에 마치 기부를 한 것 같은 뿌듯함이 느껴집니다.

저도 2009년부터 기부선물을 받아오고 있는데 해마다 두세 분의 학부모님이 3만원에서 10만원 사이의 기부선물을 해주고 있습니다. 매년 기부 카드를 받을 때마다 느껴지는 뿌듯함은 받아보지 않은 사람은 알 수가 없습니다. 이제부터 떳떳한 기부촌지를 주고받는 건 어떨까요?

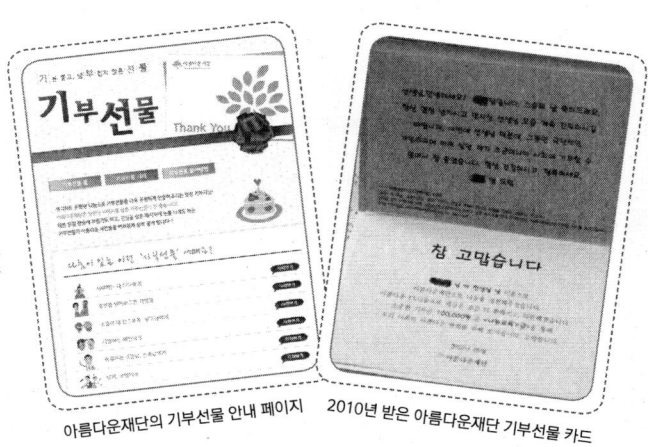

아름다운재단의 기부선물 안내 페이지     2010년 받은 아름다운재단 기부선물 카드

 부모 가이드

# 부모가 기부의 모범을
## 보일 수 있는 좋은 기회

아이와 기부촌지를 꼭 전달해보세요. 아이에게는 기부라는 교육을 할 수 있고 부모님도 선생님께 의미 있는 선물을 하는 것이니 일석이조의 효과를 볼 수 있습니다. 기부선물을 할 때 메시지를 적을 수 있는데 선생님에게 감사의 마음을 표현할 수도 있으니 선생님은 부모님의 진심을 전달받을 수 있을 것입니다. 부모가 모범을 보이는 교육이 아이에게 얼마나 좋은 교육이 되는지는 설명하지 않아도 잘 아실 것입니다.

아울러 유치원 선생님부터 작년 담임선생님까지 옛 선생님들에게도 기부선물을 하시면 더욱 좋을 것입니다. 현재 담임선생님이 아닌 옛 담임선생님들께 하는 선물은 아이에게 더 의미가 있습니다. 금액은 그리 중요하지 않습니다. 단돈 만 원이라도 그 마음이 전달될 것입니다.

나눔 **04** 교육

# 나눔장터

    1장에서도 얘기했지만, 학년 말에 아이들에게 일 년을 되돌아보며 설문조사를 해보면 가장 기억에 남고 재미있었던 수업으로 나눔장터를 꼽습니다. 모든 아이들이 만장일치로 꼽습니다. 왜 아이들이 나눔장터를 그렇게 좋아할까 생각해봤습니다. 저는 나눔장터를 할 때 아무것도 하지 않고 사진만 찍습니다. '내가 아무것도 해주지 않아서, 선생님의 간섭이 없는 수업이라 좋아하는 걸까?'라는 생각을 해봅니다.

    하지만 더 큰 까닭은 아마도 아이들이 다른 아이들과 물건을 공유하는 경험이 좋은 것이 아닐까 싶습니다. 요즘은 가정마다 아이가 적어서 부모들이 대부분 새 것을 사줍니다. 헌 것을 써본 일이 없는 아이들에게 다른 사람이 써본 물건을 사용해보는 경험은 색다를 것입니다. 그러한 경험을 가능하게 해주는 수업이라 아이들이 좋아하는 것이라고 생각해봅니다.

저는 아이들과 나눔장터를 매달 열고 있습니다. 3월부터 12월까지 모두 일곱 번을 엽니다. 그러나 대다수 선생님은 보통 '장터' 하면 힘들고 시간이 많이 걸려서 자주 하기를 꺼립니다. 저는 그래서 아주 간단하고 제가 할 일이 없는 장터를 열곤 합니다.

우선 나눔장터를 어떻게 열 것인지를 아이들과 협의합니다. 협의는 장터를 열기 일주일 정도 전에 합니다. 물품은 몇 개를 가져올 것인지, 가격은 어떻게 정할 것인지, 어디서 팔 것인지, 여러 명이 함께 팔아도 되는 것인지 등을 아이들과 함께 이야기합니다. 아이들은 자기들이 열 나눔장터이기 때문에 진지하게 논의를 합니다. 보통은 10개 이하의 물건을 가져오도록 정합니다. 한 사람이 물건을 너무 많이 가져오게 되면 다른 사람이 팔지 못할 수도 있기 때문입니다. 그리고 가격은 잔돈을 거슬러주기 편한 쪽으로 정합니다. 나머지 협의 사항은 그때그때 아이들의 성향에 따라 달라집니다.

나눔장터에서 무엇을 어떻게 할지 정하고 나면 제가 그 다음날 책상을 분양합니다. 칠판에 붙여놓은 교실 책상 배치도를 보고 위치를 정한 다음, 학급 저금통에 100원을 넣고 제게 신청하면 책상 하나를 분양받게 됩니다. 그러면 아이는 원하는 자리의 책상에 자기 이름을 씁니다. 물건의 크기가 큰 아이는 책상을 2~3개 신청하기도 합니다. 책상 하나에 100원이니까 2~3개를 신청하면 200~300원을 내게 됩니다. 보통 30% 정도의 아이들이 물건을 팔겠다고 신청합니다. 나머지는 물건을 사기만 합니다. 그럼 나눔장터 준비는 끝납니다. 판매하

2010년 5월 책 나눔장터의 모습

겠다고 신청한 아이들은 가격표, 포스터 등을 각자 집에서 준비해오면 됩니다. 나눔장터 당일은 물건을 팔기만 합니다.

  나눔장터는 한 달에 한 번 열기 때문에 달마다 주제를 정해서 열고 있습니다. 3월은 학용품, 4월은 책의 날이 있으니 책, 5월은 장난감, 6월은 옷, 10월은 다시 학용품, 11월은 재능, 12월은 음식을 주제로 정해서 판매할 물건도 주제에 맞게 가져오도록 합니다. 한 달에 한 번씩 주제를 정해서 물건을 가져오기 때문에 물건을 팔려는 아이들도 물건을 사려는 아이들도 크게 고민할 필요가 없습니다. 이렇게 주제를 정하지 않으면 이것저것 아무거나 가져오기 때문에 서로 집중하지 못하곤 합니다.

  처음에 나눔장터를 시작했을 때는 아이들이 서로 먼저 좋은 물건을 사겠다고 밀치는 모습에 실망도 많이 했는데 이제는 아이들과 충분한 협의를 거쳐서 조를 짜서 운영하기 때문에 그렇게 다투는 일은 줄었습니다. 또한 가져온 물건을 팔지 못한 아이들은 제가 끝날 무렵 떨이로 경매를 붙여 팔아주기도 합니다.

　나눔장터를 열기 전에 몇 가지 책을 읽어주는 것도 좋습니다. 요즘 아이들이 워낙 새 물건만 쓰다 보니 가끔 헌 물건에 대해 안 좋게 생각하는 아이들도 있습니다. 그런 아이들에게는 물건에 추억을 담아 팔도록 합니다.

《빨간 줄무늬 바지》(보림)라는 동화는 주인공 여자아이가 입다가 작아진 빨간 줄무늬 바지를 그 동생이 입고 다시 그 옷을 여러 아이들이 입다가, 시간이 흘러 다시 처음에 입었던 아이에게로 돌아온다는 이야기입니다. 아이는 이제 엄마가 되어 그 바지를 딸의 인형 바지로 만듭니다. 동화를 읽다 보면 분명 새 옷이 아닌데 그 빨간 줄무늬 바지를 다음에 누가 입을지 궁금해지면서 입고 싶어지는 기분이 듭니다. 바지에   추억이 조금씩 쌓여가는 것을 느낄 수 있습니다. 추억이 있는 바지는 그냥 새 바지보다 뭔가 있어 보입니다.

　《아주 놀라운 생일 선물》(고래이야기)이라는 동화는 친구에게서 생일 선물로 커튼 만들다 남은 천을 선물 받는 것으로 시작합니다. 처음엔 성의 없고 하찮은 선물이라 생각해 기분 나빠하다가 그 친구와 하루 종일 놀면서 그 천으로 인해 여러 가지 추억이 쌓이게 되고, 나중엔 잊을 수 없는 생일 선물이 된다는 이야기입니다. 그저 단순한 천에서 친구와의 추억이 담긴 천으로 바뀌는 것입니다.

이렇듯 새 물건에서는 느낄 수 없는 헌 물건의 추억을 아이들과 함께 느껴보길 원한다면 나눔장터에 가져올 물건에 추억을 적어서 붙여오게 하면 좋습니다. 그러면 아이들에게 물건만 파는 것이 아니라 추억도 함께 팔게 됩니다. 다른 아이들과 함께 자기의 추억을 공유할 수 있게 되는 것입니다. 아이들은 그냥 물건만 파는 것보다 추억을 함께 파는 것을 더 좋아합니다. 그만큼 자기의 추억을 함께 나눌 친구가 더 생기는 것이니까요.

부모 가이드

# 곳곳에서 열리는 주요 나눔장터

아이들과 나눔장터를 하다 보니 교실 안에서뿐 아니라 외부에서 하는 장터에도 관심을 갖게 되었습니다. 그래서 외부에서 진행하는 장터에 몇 번 아이들과 함께 나가서 활동도 해보았습니다. 아이들뿐만 아니라 학부모들도 함께 갔는데 아이들과 학부모 모두 만족스러운 반응이었습니다. 주요 나눔장터를 소개합니다.

**뚝섬 아름다운 나눔장터** http://www.flea1004.com
재사용을 통해 자원낭비를 막고 환경을 보호하여 대안적 소비문화를 확산시키기 위한 시민 문화운동의 하나로, 시민들이 직접 참여하여 재사용과 나눔을 실천하고 어린이와 청소년들에게는 경제・환경・나눔교육의 장이 되고 있습니다. 행사 당일 판매수익금의 10% 이상을 기부하면, '결식어린이를 위한 방학 중 급식지원'과 '정서・교양 결핍 어린이를 위한 독서교육 지원' 등 소외 어린이를 지원하는 사업에 사용됩니다. 3월에서 10월까지 매주 토요일 운영되며, 인터넷에서 사전에 판매참가 신청을 하면 추첨을 통해 판매참가자를 선정, 발표합니다.(대표번호 : 1899-1017)

**와우책시장** http://www.wowbookfest.org
2005년부터 서울와우북 페스티벌의 일환으로 추진되어 온 사업으로 시민들이 야외로 나와 직접 책과 책 관련 소품을 판매하며 추억을 공유하는 책 벼룩시장 프로그램입니다. 시민들이 손때 묻은 책을 직접 가지고 나와 판매를 해, 그 새로운 쓰임과 헌책의 가치를 생성하고, 시민들에게 일상적 책읽기의 즐거움을 선사합니다. 2010년 처음 운영을 시작해, 홍대앞 거리에서 찾아가는 문화행사로서의 첫걸음을 시작하여, 다양한 시민 참여자와 아티스트, 그리고 귀한 도서들과 만나는 자리가 되고 있습니다.

**위아자 나눔장터** http://weaja.joins.com
중앙일보가 2005년부터 매년 창간기념일(9월 22일)을 전후하여 개최하고 있는 행사입니다.
**위** : 저소득층 어린이에게 복지와 교육, 건강의 공정한 기회를 제공해 새로운 삶의 출발을 도와주자는 위스타트(We Start) 운동
**아** : 사용하지 않는 물건을 모아 재활용한 수익금으로 어려운 이웃을 돕는 아름다운가게
**자** : 우리 사회를 밝고 건강하게 만드는 자원봉사

**우리동네 녹색장터** http://greenmarket.seoul.go.kr
서울시가 추진하는 시민주도의 생활형 중고장터 지원사업으로, 재사용의 시민실천문화 확산을 위해 시행하고 있습니다. 2010년부터 시작되었으며, 시행 첫해 서울시 전역에서 210개소의 중고장터가 지역 특색에 맞게 운영되었습니다. 서울의 경우 홈페이지에서 지역이나 일정별로 녹색장터를 알아볼 수 있습니다.

나눔 **05** 교육

# 1,000원의 기적

제가 초등학교 6학년 때 어머니 심부름을 하고 친척 분께 1,000원을 받은 적이 있습니다. 평소 1,000원짜리 지폐를 구경하기도 힘들었던 때라 몹시 흥분해서 그 돈을 어디에 쓸까 생각했습니다. 사실 1,000원으로 무엇을 할지도 잘 몰랐습니다. 우선은 문방구에 가서 조립식 로봇 하나와 칼을 샀습니다. 문방구 앞에서 로봇을 조립하다가 칼에 손가락을 베입니다. 그래서 약국에서 반창고를 샀습니다. 그래도 돈이 남아 아이스크림을 하나 사 먹었습니다. 물론 집에 들어가서 무척 혼이 났습니다. 제가 친척 분에게 1,000원을 받았다는 사실을 이미 알고 계셨기에 1,000원의 행방을 물으셨고 이렇게 저렇게 써버린 것을 아셨기 때문입니다. 그 당시 1,000원은 장난감, 칼, 반창고, 아이스크림을 모두 살 수 있을 정도로 꽤 큰돈이었습니다. 벌써

30년 전의 일입니다.

하지만 요즘은 1,000원으로 뭘 할 수 있을까요? 과자 한 개, 버스 한 번 타면 없어지는 금액입니다. 예전에 비해 그리 많은 일을 할 수 없습니다. 물가가 그만큼 올랐기 때문입니다. 그렇다고 1,000원이라는 돈이 의미가 없는 돈일까요? 1,000원 은 어떤 사람들에게는 쓸모 있게 쓸 수 있는 금액일뿐더러 1,000원이 없어서 굶어죽는 사람도 많습니다.

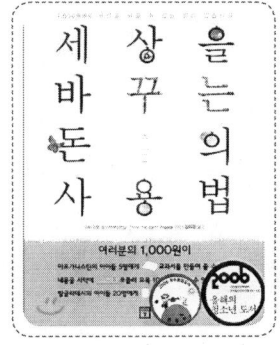

《세상을 바꾸는 돈의 사용법》(미래의 창)이란 책을 보면 1,000원으로도 많은 일을 할 수 있다는 것을 알 수 있습니다.

- 미얀마에서 어린이 5명의 척수성 소아마비 백신 비용
- 내몽골의 호르친 사막에 10그루의 포플러 묘목을 심을 수 있는 비용
- 청도견(청각장애인 안내견)의 훈련에 드는 하루 분량의 포상(쿠키) 비용
- 아프가니스탄 어린이 5명의 교과서 비용
- 캄보디아에서 성 착취와 인신매매 피해를 입은 소녀가 상담치료를 1회 받을 수 있는 비용
- 방글라데시 아이들 20명분의 우유 한 컵 비용

물론 이 책에 나온 것은 2006년 기준이긴 하지만 지금도 세계 어디에선가는 1,000원을 기다리는 사람들이 많이 있을 것입니다. 아

이들은 적은 금액으로도 기부할 수 있고 그 기부로 누군가가 혜택을 볼 수 있다는 것을 알게 되면 작은 동전이라도 다시 보게 됩니다.

미국의 페니 하비스트(Penny harvest, http://www.pennyharvest.org)라는 동전 모으기 운동도 이런 관점에서 시작된 운동이었습니다. 페니 하비스트는 커먼 센츠(Common Cents)라는 비영리단체의 연례행사로, 어린이들에게 사회의 공헌자로서 자신의 가치를 가르치기 위한 전국적인 교육 프로그램입니다. 미국 전역의 아이들이 추수감사절 기간에 각 가정을 돌며 1센트짜리 동전을 모아 전시하는 행사입니다. 1991년 동전 모으기 활동을 시작한 뒤로 2006년까지 어린이들이 모아 조성된 기금은 590만 달러이며, 2006년에는 7,100만 개의 동전을 모았는데 이는 모두 순수하게 어린이들의 힘으로 이뤄진 것입니다. 이렇게 모인 동전들은 행사가 끝난 뒤 각 단체에 기증돼 환경보호, 노약자 지원 등에 쓰입니다.

우리나라에서도 2008년에 아름다운재단이 서울광장에서 시작한 이후로 여러 기부단체들이 연말이 되면 으레 하는 행사가 되었습니다.

모두에게 적은 금액으로도 큰일을 이룰 수 있다는 희망을 주는 일입니다. 아이들에게 적은 돈으로도 다른 사람을 행복하게 해줄 수 있다는 희망을 줄 수 있습니다.

 부모 가이드

## 아이와 함께 1,000원을 모을 수 있는 방법을 이야기해보세요

집에서는 이렇게 해보세요.

1,000원을 모을 수 있는 방법을 아이와 같이 상의해보세요. 그리고 1,000원에 해당되는 절약이나 활동을 하면 부모님이 1,000원을 대신 기부해주세요.

- 양치할 때 물을 틀어서 사용하던 것을 물을 컵에 받아서 사용했으니까 한 달 동안 물 절약 비용 1,000원
- 아빠 구두 닦는 비용 한 달에 1,000원
- 엄마 설거지 돕는 비용 한 달에 1,000원

또한 아이가 모은 돈과 같은 금액을 합해서 기부해주는 방법도 있습니다. 아이가 1,000원을 모았으면 부모님도 1,000원을 보태서 2,000원을 기부하는 것입니다.

작은 돈도 소중하게 여길 수 있게 지도하는 것이 좋습니다.

나눔 **06** 교육

# 기부 게임

　세상에는 기부의 손길이 필요한 곳이 너무나도 많습니다. 기부에도 빈부의 격차가 있습니다. 잘 알려진 곳은 기부를 많이 받겠지만 잘 알려지지 않은 곳은 기부를 받을 기회가 적습니다. 그렇다고 잘 알려지지 않은 곳이 중요하지 않은 것은 아닐 것입니다.

　아이들도 마찬가지입니다. 잘 알려진 곳은 관심이 더 가고 기부도 많이 하게 되지만 잘 알려지지 않은 곳은 그만큼 관심도 덜 기울이고 기부도 잘 하지 않게 됩니다. 아이들에게는 기부 금액이 많고 적음보다는 기부를 왜 하고 어디에 하는가가 더 중요합니다. 기부를 통해 사회를 공부하고 그들과 소통하는 게 목적이니까요. 그런데 대부분의 학교에서는 금액의 많고 적음에 더 가치를 두고 있습니다. 그러다 보니 어디에 기부하는지도 모르는 채로 기부금 경쟁에만 열을 올리는 경우가 많습니다. 기부금을 다 모은 뒤에도 어디에 기부를 할지는 관심이 없습니다. 열심히 기부금을 모으고도 사회에 대한 소통이 전혀 이뤄지지 않습니다. 아이들이 사회와 소통하는 첫 작업이 될 수도 있는 기부활동을 학교에서는 제대로 활용하고 있지 못합니다.

기부 게임은 그래서 시작됐습니다. 아이들이 기부자와 모금활동가의 역할을 모두 경험함으로써 기부를 하는 사람과 기부금을 모으는 사람의 입장을 모두 경험해볼 수 있게 됩니다.

먼저 아이들에게 모형 돈을 나눠줍니다. 한 명당 천 원을 주는데 이때 백 원짜리 10장, 오백 원짜리 2장, 천 원짜리 1장으로 줄 수 있습니다. 선택의 기회를 다양하게 주는 것이죠. 백 원짜리 10장이 있으면 한꺼번에 한 곳에 기부할 수도 있고 열 군데 기부할 수도 있습니다. 기부 기회가 열 번까지 늘어나는 것입니다. 천 원짜리 1장을 받으면 기부할 수 있는 기회가 한 번으로 제한됩니다. 되도록 저학년은 기회를 줄이고 고학년은 기회를 늘리는 게 좋습니다.

그 다음 흰 종이를 한 장씩 나눠줍니다. 종이는 A4용지도 좋고 8절지도 좋습니다. 종이가 클수록 아이들에게 부담이 될 수 있으니 아이들의 상황을 봐서 적절히 나눠주는 것이 좋습니다. 저학년은 작은 종이가, 고학년은 큰 종이가 좋습니다. 고학년이라도 그리기나 만들기를 부담스러워하는 아이들은 작은 종이를 선택하게 합니다. 나눠준 종이에 자신이 만드는 기금을 홍보하는 포스터를 그리게 합니다. 아이들에게 미리 기부단체를 조사하게 해서 수업시간에 당황하지 않도록 하는 것이 좋습니다. 되도록 기부단체는 기존 단체를 모방하기보다는 자기가 관심이 있는 분야의 단체를 새롭게 만드는 것

2011년 아름다운재단 행사에서 기부 게임을 하고 있는 청소년들

이 좋습니다. 예를 들어 강아지를 좋아하는 아이라면 유기견을 보호하는 단체를 가상으로 만들어서 포스터를 만드는 것입니다. 기존에 유기견 보호단체가 있지만 그대로 따라 하기보다는 스스로 하는 일도 정하고 홍보문구도 정하게 합니다. 그래야만 나중에 진짜 자기만의 단체를 만들 수 있게 됩니다.

모형 돈을 받고 기금 홍보 포스터를 만들었으면 준비는 끝납니다. 이제는 모형 돈을 들고 다니면서 괜찮은 기금에 기부를 하기도 하고 자기가 만든 기부단체를 홍보하면서 기부금을 모으면 됩니다. 대략 10분에서 20분 정도의 시간 동안 열심히 홍보도 하고 기부도 하게 됩니다. 매우 시끄러운 상황 속에서 아이들은 서로 홍보하는 기금을 보면서 선택을 하게 됩니다. 어느 정도 기부가 끝났다고 생각되면 아이들을 자리에 앉게 하고 기부금을 가장 많이 모은 아이를 찾습니다. 기부금액을 불러서 해당되는 아이들이 손을 들게 합니다. 그러면 가장 많이 모은 아이가 가장 나중까지 남게 됩니다. 기부금액 1등부터 3등까지 앞으로 나와 자기의 기금을 소개하게 합니다. 대부분은 기금이 정말 괜찮아서 기부금을 많이 모았다고 볼 수 있지만, 가끔은 기금은 별로인데 아이들에게 인기가 많거나 힘이 있어 강제로 기부금을 모은 아이도 있습니다. 그럴 경우에는 기부를 한 아이들에게

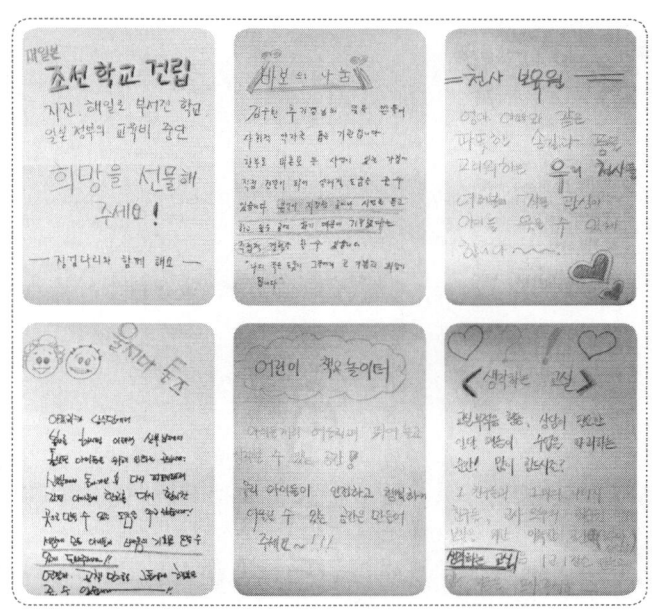

2011년 교사연수에서 만든 기부게임 홍보 포스터 - 다양하게 만든 기금들

왜 이 기금에 기부를 했는지 그 까닭을 물어봅니다. 아마 제대로 대답하는 아이가 없을 겁니다. 이때 아이들에게 이야기합니다.

"여러분이 아무 생각 없이 기부를 하는 동안 정말 기부의 손길이 필요한 어떤 기금에는 돈이 없어 도움을 받지 못하는 사람들이 있을 것입니다. 다음부터는 정말 필요한 기금에 기부해주길 바랍니다."

아이들은 짧은 시간 동안이지만 기부를 하기 위해 다양한 기금을 접하게 됩니다. 혼자 컴퓨터 앞에 앉아서 기금의 종류를 조사하는 것에 비해 짧은 시간에 많은 정보를 얻게 됩니다. 또한 아무 기금에나 함부로 기부하는 것에 대해 문제의식을 느낄 수도 있게 됩니다.

 부모 가이드

# 다양한 기부단체들에 대해 알려주세요

기부를 하기 전에 아이들과 함께 내가 기부한 돈이 어디에 어떻게 쓰일 것인지 먼저 알아보는 것이 중요합니다. 외국의 경우 기부금의 50% 이상이 기부단체의 인건비로 지출되는 경우도 있다고 합니다. 그러다 보니 실제 내가 돕고 싶은 곳에 내가 낸 돈이 제대로 가는지를 알 수가 없습니다. 우리나라의 경우에는 재단에서 일하는 사람들의 인건비가 그리 높지 않아 그런 걱정은 하지 않아도 되지만 이런 기회를 통해서 다양한 기부형태가 있다는 것을 조사해보는 것도 좋은 공부가 됩니다.

### 국내외 기부단체들

**월드비전** http://www.worldvision.or.kr
전 세계 100여 개국에서 1억 명 지구촌 이웃들을 돕는 국제 구호개발 NGO

**굿네이버스** http://www.givestart.org
굶주림 없는 세상, 투명한 사회, 더불어 사는 세상을 만들기 위해 전문 사회복지사업을 수행

**유니세프** http://www.unicef.or.kr
전 세계 어린이를 위해 일하는 유엔 기구

**사회복지공동모금회** http://www.chest.or.kr
아동 청소년, 장애인, 노인, 여성, 지역복지 등 소외계층 및 지역을 위한 다양한 복지사업을 지원

**아름다운재단** http://www.beautifulfund.org
나눔을 실천하는 시민들이 주인이 되어 이끌어가는 비영리 공익재단. 올바른 기부문화를 확산하고, 어려움에 처한 이웃과 공익활동을 지원하기 위해 설립.

**어린이어깨동무** http://www.okfriend.org
북한어린이 지원단체

**워 차일드** http://www.warchild.org
국제전쟁아동 구호기구

**해피빈** http://happybean.naver.com
네이버 온라인 기부 포털

**세이브더칠드런** http://www.sc.or.kr
29개 회원국이 전 세계 120여 사업장에서 아동의 생존, 보호, 발달 및 참여의 권리를 실현하기 위해 국적, 종교, 정치적 이념을 초월하여 활동하는 국제 아동권리기구

**초록우산 어린이재단** http://www.childfund.or.kr
국내외 아동을 위해 생존지원, 보호지원, 발달지원, 권리옹호 사업을 펼치는 아동복지 기관.

나눔 **07** 교육

# 나눔텃밭

요즘 주말 농장이나 옥상 텃밭을 통해 아이들과 채소를 키우는 가정이 늘고 있습니다. 아이들은 생명을 기르는 활동을 매우 좋아해서 텃밭에 가기 전날부터 설레기 시작합니다. 하지만 막상 텃밭에 가서는 힘들어서 요령을 피우곤 합니다. 노동의 참 의미를 느끼게 하기에 좋은 활동임에는 틀림없지만 왠지 교육적으로 아쉬운 부분이 있습니다. 그래서 뭔가 교육적인 것을 알려주고 싶어합니다. 아이들에게 무엇을 가르치면 좋을까요? 그것도 자연스럽게요.

대부분의 사람들이 자신이 먹을 것을 기르기 위해 주말 농장이나 옥상 텃밭을 시작합니다. 하지만 가꾸다 보면 욕심이 생기기도 하고 생각보다 많은 양을 수확하기도 합니다. 그래서 자기들이 먹을 만큼만 남기고 나머지는 주위 사람들에게 나눠주게 됩니다.

아이들은 어떨까요? 교실에서 식물을 키워보면 대부분의 아이들이 차분해집니다. 식물에 자기를 투사해서 키우는 아이들도 있을 정도니까요. 그만큼 식물을 키우는 것은 아이들 정서에 큰 도움이 됩니다. 특히 외로움을 많이 타는 아이들에게는 더욱 효과가 큽니다. 주말 농장에 다니는 아이나 옥상 텃밭을 가꾸는 아이들도 마찬가지입니다. 자기들이 키우는 식물을 무척이나 아끼고 조심스럽게 기릅니다. 부모가 자식 키우듯이 말입니다. 아마도 생명이라는 것을 키우는 경험이 아이들에게는 새롭고 놀라운 경험일 것입니다.

생명을 키우는 것과 그것을 다른 사람들에게 나눠준다는 것을 접목해서 아이들에게 나눔을 가르치면 좋습니다. 내가 힘들게 애지중지 키운 식물을 다른 사람들에게 나눠주는 것입니다. 평소 돈으로 모든 것이 해결되는 소비문화에 길들여진 아이들에게는 새로운 경험입니다. 자기가 키운 생명을 다른 사람에게 선물할 수 있다는 사실 자체가 놀라운 일이 됩니다.

받는 사람들의 반응을 보면서 아이들은 다시 한 번 놀라게 됩니다. 평소 어리게만 여겼던 아이가 생명을 키워서 선물까지 하는 모습을 보고 어른들은 대견하다는 말과 눈빛을 보냅니다. 이러한 반응을 느끼면서 아이들은 자기가 누군가에게 인정받는다는 경험을 하게 되지요. 그러면서 더 열심히 식물을 키우게 됩니다.

하지만 여기서 멈추면 교육 효과는 더 이상 커지지 않습니다. 내가 직접 키워서 수확한 채소를 내가 모르는 사람들에게 주는 경험을 하도록 유도해주는 것이 좋습니다. 친척이나 친구가 아니라 집 가까이에 사는 사람 중에 먹을 채소가 필요한 사람을 찾아보고 직접 가서 전해줄 수 있는 기회를 주면 아이들은 우리 사회에 대해 관심을 가지게 됩니다. 그러면서 자연스럽게 자기가 한 일이 단순히 식물을 기르는 데 그치는 일이 아니라는 것을 알게 됩니다. 쉬운 일은 아니지만 아이들에게 말로는 가르칠 수 없는 것을 자연스럽게 배우게 할 수 있습니다.

    아이들에게 자신감을 심어주고, 새로운 소비문화도 배울 수 있게 하며, 사회에 대한 관심도 이끌어주어 사회와 소통할 수 있게 해주는 나눔텃밭. 이번 주부터 시작해보는 건 어떨까요?

# 8장

⋮

## 마무리도 나눌 수 있어요

1년 동안 나눔을 가르치고 배우면서 아이들은 자존감도 많이 올라가고, 서로에 대한 배려와 존중을 배우게 됩니다. 나눔에 대해 충분히 알고 실천하면서 자신이 해온 나눔에 자부심도 느끼게 됩니다. 그런 아이들에게 마무리도 나눌 수 있는 기회를 제공하면 아이들은 평생 나눔을 실천하며 살아갈 수 있을 것입니다.

나눔 **01** 교육

# 나눔잔치

 나눔교육의 마무리로 보통 나눔잔치를 합니다. 일 년 동안 있었던 일도 나누고 음식도 나누면서 즐거운 시간을 가집니다. 시작이 중요한 것처럼 마무리도 중요합니다. 그 마무리는 나눔잔치로 하는 건 어떨까요?

 옛날 서당 풍습 중에 '책거리'라는 것이 있습니다. 아마도 목표한 공부량을 끝내면 함께 축하해주고 새로운 공부를 할 수 있게 이끌어주는 행사라고 생각합니다.

 먼저 집에서 2인분 정도의 간식을 싸오게 합니다. 약 30명의 아이들이 책상을 모두 모아 커다란 탁자 모양으로 만들고 거기에 가져온 간식을 차려놓으면 우리 반만의 뷔페가 됩니다. 부모님도 초대해서 함께 먹게 되는데 각자 2인분씩 정도만 가져와도 부족하지 않고 모두가 만족할 정도로 먹을 수 있는 뷔페가 됩니다. 그렇게 음식나눔을 합니다.

  또한 아이들이 재능나눔장터를 통해 서로에게 배운 재능을 선보이는 자리도 마련합니다. 그동안 친구들에게 배운 재능을 부끄럽지만 뽐내며 함께 축하합니다. 부모님들도 아이들의 공연을 보면서 아이들의 새로운 모습을 보게 됩니다. 누가 잘하고 못하고는 중요하지 않습니다. 무엇보다 함께할 수 있다는 게 중요합니다.

나눔 02 교육

# 나눔상장

 일 년을 마무리하면서 나눔을 배운 아이들에게 나눔상장을 줄 수 있습니다. 일 년 동안 나눔을 실천한 기념으로 상을 주는 것인데, 선생님이 아이에게 주는 것이 아니라 아이들끼리 서로 잘한 내용을 적어서 서로에게 주도록 합니다. 선생님에게 받는 상도 좋겠지만 친구들끼리 서로를 인정하는 상을 주고받으면 느낌이 많이 다릅니다. 내가 친구에게 인정받고 있다는 느낌을 갖게 되지요. 상장으로도 서로 나눔을 할 수 있게 되는 것입니다.
 교사 연수를 할 때도 마지막 시간에 서로에게 꼭 수료증을 주는 시간을 가집니다. 아이들뿐 아니라 어른들도 서로 상장을 주고받는 것을 매우 좋아합니다. 서로를 인정하고 인정받는 느낌을 받기 때문이겠지요.
 아이들은 이 상장을 매우 좋아합니다. 그리고 자랑스러워합니다.

친구들이 자기를 인정해주는 것 때문이기도 하고, 자기가 나눔을 잘하는 사람으로 느껴지기 때문이기도 합니다. 집에서도 일 년을 마감하면서 부모님이 아이에게 상장을 만들어주는 활동을 하면 아이들에게 강한 내적동기를 줄 수 있습니다.

나눔 03 교육

# 나눔에 대한 새로운 상상

 나눔교육을 마무리하면서 다음 해에 할 것들을 생각해보는 시간을 갖습니다. 그동안 하지 못했던 일들이나, 실천해봤지만 아쉬웠던 일들을 생각해보고 다시 계획을 세워보는 것입니다. 하지만 그냥 계획을 세우라고 하면 막막해하는 아이들이 많습니다. 이럴 땐 《To Do》라는 책의 내용을 알려줍니다.
 '일상을 뒤집는 100가지 짜릿한 상상'이라는 부제가 붙은 이 책은 크게 10가지 주제를 정해서 약 10개씩 하고 싶은 것들을 정리한 책인데, 아이들에게 도전할 거리들을 제시해줍니다.

### 주제 1. 추억 찾기

1. 옛 친구를 찾아본다.
2. 보트를 산다.
3. 어린 시절 영웅을 만난다.
4. 다른 세대와 하루를 같이 보낸다.
5. 친어머니를 찾는다.
6. 다시 스케이트보드를 탄다.
7. 어릴 때 모아둔 보물 상자를 열어본다.
8. 어렸을 때 살던 집을 찾아간다.
9. 가족의 뿌리를 찾는다.

### 주제 2. 무작정 모험하기

10. 남극에서 일출을 감상한다.
11. 인도로 배낭여행을 떠난다.
12. 1년 동안 이탈리아에서 산다.
13. 후지 산을 오른다.
14. 펜팔에게 편지를 쓴다.
15. 집 주변을 탐험한다.
16. 미국을 육로로 횡단한다.
17. 밤중에 무지개를 본다.
18. 히말라야의 동굴에서 명상을 한다.
19. 오랜 도보 여행을 떠난다.
20. 카약을 타고 정글을 누빈다.

### 주제 3. 꼭 해보고 싶었던 것 꼭 해보기

21. 머리를 민다.
22. 군중 속을 알몸으로 달린다.
23. 수염을 기른다.
24. 새로운 음식을 맛본다.
25. 나만의 공간을 마련한다.
26. 괴짜가 된다.
27. 취미를 만든다.
28. 자전거에 스테레오를 설치한다.
29. 하이힐을 신는다.
30. 아무것도 하지 않는다.

### 주제 4. 한계 뛰어넘기

31. 태권도를 배운다.
32. 낙하산을 타고 비행기에서 뛰어내린다.
33. 바다 밑바닥까지 프리다이빙을 한다.
34. 운동을 한다.
35. 황소떼와 함께 달린다.
36. 나무 타기를 한다.
37. 습관을 고친다.
38. 음속으로 하늘을 난다.
39. 불 위를 걷는다.

### 주제 5. 남을 위해 살기

40. 인명을 구조한다.
41. 사회에 진 빚을 갚는다.
42. 모르는 사람들에게 돈을 준다.
43. 어려운 사람을 돕는다.
44. 한 마을을 후원한다.
45. 약자를 돕는다.
46. 멸종 위기에 놓인 동물의 보존을 돕는다.
47. 노숙자를 돕는다.
48. 시위에 동참한다.
49. 한 아이의 정신적 버팀목이 된다.

### 주제 6. 미지의 세계로 뛰어들기

50. 마술을 완벽하게 마스터한다.
51. 오페라 무대에 선다.
52. 비행기 조종을 배운다.
53. 춤을 배운다.
54. 벌을 키운다.
55. 이탈리아 어를 배운다.
56. 대학을 졸업한다.
57. 식탁을 차린다.
58. 신앙을 회복한다.
59. 드럼을 연주한다.
60. 수영을 배운다.
61. 기술을 전수한다.

### 주제 7. 나만의 예술성 표현하기

62. 대형 캔버스에 그림을 그린다.
63. 스탠드 업 코미디를 한다.
64. 문신을 한다.
65. 자화상을 그린다.
66. 연극을 무대에 올린다.
67. 밴드에서 노래를 부른다.
68. 연설을 한다.
69. 언더그라운드 클럽을 연다.
70. 나만의 옷을 만든다.
71. 책을 출간한다.
72. 앨범을 녹음한다.

### 주제 8. 따뜻한 영혼과 교감하기

73. 프러포즈를 한다.
74. 모르는 사람에게 데이트 신청을 한다.
75. 사랑에 빠진다.
76. 애인이나 배우자와 함께 엉뚱한 상상을 실현한다.
77. 갈라파고스 제도로 신혼여행을 떠난다.
78. 벽장 밖으로 나간다.
79. 친구를 위해 깜짝 파티를 연다.
80. 가정을 이룬다.
81. 아이를 낳는다.
82. 결혼을 한다.

| 주제 9. 잘 먹고 잘 살기 |
| --- |
| 83. 재택근무를 한다. |
| 84. 직업을 바꾼다. |
| 85. 교사가 된다. |
| 86. 새로운 방법으로 출근한다. |
| 87. 조그만 숙박시설을 운영한다. |
| 88. 여가를 이용해 제2의 직업을 시작한다. |
| 89. 음식점을 연다. |
| 90. 직장을 그만둔다. |

| 주제 10. 멋지게 마무리하기 |
| --- |
| 91. 보물을 묻는다. |
| 92. 가풍을 이어나간다. |
| 93. 아들이 자라는 모습을 지켜본다. |
| 94. 재산을 물려준다. |
| 95. 나무를 심는다. |
| 96. 엄마의 뒤를 따른다. |
| 97. 우리 집안의 요리책을 만든다. |
| 98. 저승에서 이야기한다. |
| 99. 후대에 영원히 남을 기념물을 만든다. |
| 100. 처음부터 다시 시작한다. |

출처 : 《To Do : 일상을 뒤집는 100가지 짜릿한 상상》 (한겨레출판, 2006)

아이들은 다양한 상상력에 자극받아 다음 해에 하고 싶은 일들을 항목을 정해서 적게 됩니다. 무언가를 계획하며 준비한다는 것은 아이들에게 큰 의미로 다가갑니다. 나눔교육을 마무리하면서 다음 해에 할 나눔을 생각해보는 시간이 아이들에게는 꼭 필요합니다.

# 9장

## 나눔교육의 실제

나눔교육은 크게 두 가지 방향으로 실시할 수 있습니다. 하나는 주로 학교에서 많이 하고 있는 것으로 일 년 동안 학급경영의 형태로 실시하는 것이고, 다른 하나는 사회복지기관 등에서 하고 있는 것으로 나눔 자체를 가르치는 형태로 실시하는 것입니다. 하나는 나눔교육을 통한 학급경영이고, 하나는 나눔을 가르치고 배우는 것입니다.

나눔교육을 통한 학급경영은 학교생활에서 일 년 동안 꾸준히 실시해야 하고, 나눔을 가르치고 배우는 것은 단기간에 정해진 수업을 통해 하게 됩니다. 둘 다 장단점이 있지만 교육을 하는 주체에 따라 적절히 계획을 짜서 하는 것이 좋습니다. 나눔교육은 정규 교육과정이 아니기 때문에 계획을 세우지 않고 실시하게 되면 시기를 놓치거나 이벤트성 행사만을 하게 되기 쉽습니다. 그렇기 때문에 교육을 하기 전에 반드시 계획을 세워서 실시 시기를 정확히 정해놓아야 합니다.

집에서 나눔교육을 하려는 부모님도 그때그때 생각나는 활동을 하기보다는 일 년 정도 꾸준히 할 수 있는 활동 위주로 계획을 짜서 하면 훨씬 효과가 좋을 것입니다.

그럼 구체적으로 어떻게 계획을 세워 실천하면 좋을지 살펴보겠습니다.

나눔 **01** 교육

# 나눔을 통한 학급경영

  2011년부터 2009 개정교육과정 이후 생긴 창의적 체험활동의 하나로 나눔교육을 하고 있습니다. 이미 2006년부터 1년 동안 월별로 계획을 세워 학급경영의 하나로 나눔교육을 꾸준히 실천해오다가 2011년에 좀 더 체계적으로 계획을 세워서 실천해봤습니다.

  다음의 세 가지 계획표는 약간씩 차이는 있지만 월별로 해야 할 일들을 정해서 실시한다는 특징이 있습니다. 월별로 주제를 하나씩 잡아서 실시하기 때문에 아이들이 지루해하지 않고, 한 달에 하나 정도의 주제를 자세하게 다룰 수 있다는 이점이 있습니다. 올해 들어 다른 해에 비해 달라진 것은 월별 계획을 좀 더 세분화해서 주별로 계획을 짠 것입니다. 그렇게 하면 시기를 놓치는 일이 줄어들게 되고 아이들도 무엇을 할지 미리 예상하고 준비할 수 있는 효과가 있습니다.

## 2010학년까지 학급에서 했던 나눔교육 1년 계획표

| 월 | 주제 | 활동 | 내용 |
|---|---|---|---|
| 3 | 나눔알기 | 나눔 마인드맵 | 나눔을 주제로 한 마인드맵 만들기 |
| | | 나눔 모둠이름짓기 | 모둠을 나누고 모둠 이름을 나눔을 주제로 지어보기 |
| | | 나눔공책 | 나눔과 관련된 사진이나 기사 스크랩하기 |
| | | 지식채널 e | '세상에 100명의 사람들이 있다면' |
| | | 나눔노래 | 나눔노래 가사집 만들기<br>'새로운 마음으로' '좋은 세상 만들기' '바로 그 한 사람이' |
| | | 나눔동화 | 《검은툭눈금붕어》《아름다운 가치사전》 |
| 4 | 친구나눔 | 나눔 인터뷰 | 친구에 대한 질문 20가지 만들고 대답 들어오기 |
| | | 친구되기<br>1% 나눔 | 수업일수(200여 일) 중 하루씩 친구로 살아보기<br>(친구의 입장 느껴보기) |
| | | 띠앗놀이 | 띠앗놀이 설명 및 띠앗놀이 시작 |
| | | 지식채널 e | '왜 공부를 하냐고요?' 감상 |
| | | 장애인<br>1% 나눔 | 장애인의 날(4월 20일) 장애인들의 어려움 1% 느끼기<br>(서로에게 급식 봉사하기) |
| | | 베개친구 | 둘째 주 토요 휴업일에 친구와 함께 자기 |
| | | 책나눔 | 책의 날(4월 23일) 다 읽은 책 학교에서 서로 나눠 읽기 |
| | | 나눔장터 | 책나눔 |
| | | 나눔노래 | '말로 해도 되는데' '문제야' '학교 가는 길' '김밥' |
| | | 나눔동화 | 《까만 아기 양》《퐁퐁이와 툴툴이》<br>《내겐 드레스 백 벌이 있어》《붕어빵 한 개》 |
| 5 | 가족나눔 | 나눔 가족토론 | 가족과 나눔에 대해 토론하여 실천 내용 정하기 |
| | | 어린이날 1% 나눔 | 어린이날 받은 선물 1% 나누기(학급에서 모아 기부하기) |
| | | 스승의 날 1% 나눔 | 선생님께 감사하는 마음 기부하기 |
| | | 나눔장터 | 학용품 나눔 |
| | | 나눔노래 | '아름다운 세상' '꿈이 더 필요한 세상' |
| | | 지식채널 e | 'TV 끄기' |
| | | 나눔동화 | 《당신에게 가장 소중한 것은 무엇인가요?》 |

| | | | |
|---|---|---|---|
| 6 | 민족나눔 | 한국전쟁기념일 | • 북한말 퀴즈 대회<br>• 북한 옷 색종이로 만들기<br>• 모둠별로 북한 관광책 만들기(프로젝트 학습) |
| | | 나눔장터 | 옷나눔 |
| | | 나눔노래 | '백두산' '가보고 싶어' |
| | | 나눔동화 | 《아름다운 위인전》 |
| 7 | 환경나눔 | 지구온난화 | 지구온난화의 이유 조사하여 토론하기 |
| | | 멸종위기 동물 돕기 | 멸종위기에 처한 동물 돕는 방법 알아보기 |
| | | 나눔노래 | '작은 연못' '울고 있는 붕어가족' |
| | | 지식채널 e | '나는 2억5천만 원입니다'<br>'햄버거 커넥션' |
| | | 나눔동화 | 《숲으로》《최열 아저씨의 지구촌 환경 이야기 1, 2》 |
| 8 | 방학나눔 | 방학 1% 나눔 | 방학 동안 시간이나 용돈을 1% 나누고 보고서 쓰기 |
| 9 | 건강나눔 | 운동회 | 운동회 연습 |
| | | 추석 | 민속놀이 하기 |
| 10 | 국제나눔 | 국제 구호단체 알기 | 국제 구호단체 조사 학습하기 |
| | | 비영리단체 알기 | 비영리단체(NGO) 조사 학습하기 |
| | | 나눔장터 | 재능나눔 |
| | | 나눔노래 | '행복한 인생' |
| | | 지식채널 e | '파키스탄의 아이, 이크발'<br>'피부색' |
| | | 나눔동화 | 《우리 얘길 들려줄게》《세상을 바꾸는 돈의 사용법》 |
| 11 | 먹을거리 나눔 | 유기농 과자잔치 | 농업인의 날(11월 11일)을 기념하여 우리밀 과자 사와서 나누어 먹는 잔치하기 |
| | | 먹을거리 알기 | 유해식품추방 포스터 만들기 |
| | | 교내 캠페인 | '희망의 밥상' 책 만들기 |
| | | 나눔장터 | 재능나눔 발표 |
| | | 나눔동화 | 《과자, 내 아이를 해치는 달콤한 유혹 1, 2》 |
| 12 | 이웃나눔 | 나눔장터 | 음식나눔(나눔잔치, 책거리), 나눔경매 |
| | | 지식채널 e | '그해 가을 김씨'<br>'잊혀진 대한민국 1, 2부' |
| | | 나눔동화 | 《영이의 비닐우산》《세상에서 가장 아름다운 나눔》<br>《아빠와 삼겹살을》 |
| 1, 2 | 방학나눔 | 방학 1% 나눔 | 방학 동안 시간이나 용돈을 1% 나누고 보고서 쓰기 |

## 2011학년 창의적 체험활동으로 실시한 1, 2학년 나눔교육 1년 계획표

| 활동영역 | 활동주제 | 주 | 활동내용 | 비고 |
|---|---|---|---|---|
| 나눔교육 | 나눔 알기 | 1 | 나눔 설문하기<br>나눔 마인드맵<br>나눔 가치사전 만들기<br>우리가 할 수 있는 것 | 3월 5일 |
| | | 2 | 나눔 그리기<br>나눔연대기 | 3월 19일 |
| | 친구나눔 | 3 | 감자이야기<br>둔감력 프로젝트 | 4월 2일 |
| | 가족나눔 | 4 | 책나눔(책의 날-4월 23일- 기념)<br>나눔장터(책)<br>행복가족 프로젝트 | 5월 7일 |
| | | 5 | 띠앗놀이<br>사람책 프로젝트 | 5월 21일 |
| | | 6 | 나눔 밥상토론 | 6월 4일 |
| | 민족나눔 | 7 | 북한 관광책 만들기<br>나눔장터(학용품) | 6월 18일 |
| | 환경나눔 | 8 | 환경 동영상 보기<br>환경을 지키는 방법 토의하기<br>재활용 프로젝트 | 7월 2일 |
| 1학기 총시수 | | | 16시간 | |

| 활동영역 | 활동주제 | 주 | 활동내용 | 비고 |
|---|---|---|---|---|
| 나눔교육 | 재능나눔 | 1 | 클럽 활동 | 9월 3일 |
| | 국제나눔 | 2 | 세상을 바꾸는 돈의 사용법 | 9월 17일 |
| | | 3 | 기부 게임 | 10월 1일 |
| | 재능나눔 | 4 | 재능나눔장터 | 10월 15일 |
| | 지식나눔 | 5 | 나만의 백과사전<br>띠앗놀이 | 11월 5일 |
| | 먹을거리나눔 | 6 | 우리밀 과자잔치<br>재능나눔 발표회 | 11월 19일 |
| | 이웃나눔 | 7 | 나눔잔치 계획 | 12월 3일 |
| | 이웃나눔 | 8 | 나눔잔치<br>나눔경매 | 12월 17일 |
| 2학기 총시수 | | | 16시간 | |

# 2012년 나눔교육 1년 계획표

| 월 | 주 | 활동 | 내용 |
|---|---|---|---|
| 3 | 1주 | 목표나누기 | 1년 동안 이루고 싶은 목표 정해서 적고 나누기 |
| | | 첫날 사진찍기 | 아이들 얼굴 사진찍기 |
| | | 실수 데이 | 매주 월요일은 실수를 해도 용서가 되는 날 |
| | 2주 | 구름이 되고 싶어 | '구름이 되고 싶어' 애니메이션 보여주고 느낌 쓰기<br>http://www.youtube.com/watch?v=oNEgTyFtV6Y |
| | | 나눔동화 | 〈검은툭눈금붕어〉 읽어주고 느낌 쓰기 |
| | | 친구 얼굴 그리기 | 친구 얼굴만 보고 친구 얼굴 그리기<br>친구 소개 듣고 친구 소개하기 |
| | | 우리가 할 수 있는 것 | 몸으로 할 수 있는 나눔 생각해보기 |
| | | 칭찬게시판 | 칭찬게시판에 친구 칭찬하는 글 써서 붙이기 |
| | | 노래 | '좋은 세상 만들기' |
| | 3주 | 친구책 프로젝트 | 날마다 다른 친구랑 짝꿍되어 앉고 인터뷰하고<br>친구책에 적고 느낌 써서 친구책 완성하기 |
| | | 플래너 시작 | 일주일 동안 할 일 정해서 계획 세우고 확인하기 |
| | | 노래 | '말로 해도 되는데' |
| | 4주 | 자유글쓰기 시작 | 형태글쓰기부터 시작 |
| | | 나눔 가치사전 | 모둠북으로 나눔 가치사전 만들기 |
| | | 전문가 제도 시작 | 1인 1역을 자격증을 발급해서 책임지게 하기 |
| | | 나눔에 필요한 시간 | 60초 동안 할 수 있는 나눔 생각하고 발표하기 |
| 4 | 1주 | 나눔연대기 | 내가 받은 나눔, 내가 한 나눔을 적고 연대기에 붙이기 |
| | | 나눔 그리기 | 나눔 그리기 활동을 통해 소통의 의미를 알기 |
| | | 지역통화 시작 | 지역통화(레츠)를 활용해서 나눔을 주고받기 |
| | 2주 | 나눔동화 | 《뚱뚱이와 홀쭉이》 읽어주고 다름에 대해 생각해보기 |
| | | 베개친구 안내 | 4월 한 달 동안 친구와 함께 자면서 친구에 대해 알기 |
| | 3주 | 장애인의 날 행사 | 서로 급식 먹여주기 행사<br>'왜 공부를 하냐고요?' (지식채널e) |
| | | 나눔동화 | 《까만 아기 양》 |
| | 4주 | 책나눔 | 책의 날(4월 23일)에 가장 기억에 남는 책 소개하고<br>서로 나눠 읽기 |
| | | 나눔장터 | 책나눔, 《빨간 줄무늬 바지》 읽어주기 |
| | | 나눔동화 | 《짧은 귀 토끼》 |

| 월 | 주 | 활동 | 내용 |
|---|---|---|---|
| 5 | 1주 | 나눔 밥상토론 시작 | 가족과 저녁을 먹으며 그림책에 대해 토론하기 |
| | | 어린이날 1% 나눔 | 어린이날 받은 선물 1% 나누기(학급에서 모아 기부하기) |
| | | 나눔동화 | 《당신에게 가장 소중한 것은 무엇인가요?》 |
| | 2주 | 화해 전문가 시작 | 또래 중재 프로그램 |
| | 3주 | 스승의 날<br>1% 나눔 | 선생님께 감사하는 마음 기부하기<br>(아름다운재단의 기부선물 프로그램 이용) |
| | 4주 | 나눔장터 | 학용품나눔, 《아주 놀라운 생일 선물》 읽어주기 |
| 6 | 1주 | 띠앗놀이 시작 | 띠앗을 뽑고 임무 수행하며 띠앗 알아맞히기 |
| | 4주 | 나눔장터 | 옷나눔 |
| 7, 8 | | 방학 1% 나눔 | 방학 동안 시간이나 용돈의 1%를 누군가를 위해 나누기 |
| 9 | 1주 | 클럽 활동 시작 | 클럽 활동을 통해 재능나눔 하기 |
| | 4주 | 나눔장터 | 학용품나눔 |
| 10 | 1주 | 백과사전 1 | 자기가 만들고 싶은 백과사전 만들기 |
| | | 지식채널 e | '파키스탄의 아이, 이크발'<br>'피부색' |
| | | 동영상 | '코인(COIN)'<br>http://www.youtube.com/watch?v=wGZdKQ-LdTo |
| | | 나눔동화 | 《내가 라면을 먹을 때》 |
| | 2주 | 우리밀 과자잔치 | 농업인의 날(11월 11일)을 기념하여<br>유기농 과자 사와서 나누어 먹는 잔치하기 |
| | 3주 | 백과사전 2 | 자기가 만들고 싶은 백과사전 차례 정해서 만들기 |
| | 4주 | 나눔장터 | 재능나눔 |
| 11 | 1주 | 기부 게임 | 기부 프로그램을 만들고 기부금을 모으는 게임 |
| | | 지식채널 e | '돈' |
| | 4주 | 나눔장터 | 재능나눔 발표회 |
| 12 | 3주 | 나눔장터 | 음식나눔(나눔잔치, 책거리), 나눔경매 |
| | 4주 | 나눔상 | 1년간 나눔활동에 대한 어린이상 주기 |
| 1, 2 | | 방학 1% 나눔 | 방학 동안 시간이나 용돈의 1%를 누군가를 위해 나누기 |

나눔 02 교육

# 나눔교육을 위한 교육과정

학급이나 복지관 등에서 수업시간에 할 수 있는 교육과정입니다. 나눔의 정의에서 시작해서 나눔의 종류, 효과, 정리 순으로 나눔에 대해 체계적인 교육을 할 수 있는 교육과정입니다. 다음 표는 아이들을 대상으로 14시간 동안 할 수 있는 나눔교육 교육과정입니다. 모두 다 해도 좋지만 시간 배정이 적게 된 곳에서는 프로그램을 적절히 조정해서 필요한 수업만 진행하면 됩니다. 그 다음에는 교사를 대상으로 하는 6차시 교육과정을 소개했습니다.

## 나눔교육 14차시 계획표

| 차시 | 주제 | 내용 | 준비물 |
|---|---|---|---|
| 1회 | 자존감 프로젝트 | **친구 얼굴 그리기** : 친구 얼굴만 보고 친구의 얼굴을 그린다.<br>**포스트잇 소개** : 접착 메모지(포스트 잇)에 자기소개를 쓰고 친구들과 이야기 나눈다.<br>**포토 스탠딩** : 신문이나 잡지의 사진 3장을 이용해서 자기를 소개하고 책으로 만든다. | 신문, 잡지,<br>A4용지, 색연필<br>가위, 접착 메모지 |
| 2회 | 나눔의 정의 | **구름이 되고 싶어** : '구름이 되고 싶어' 애니메이션을 보고 나눔에 대해 생각해보고 이야기 나눈다. (http://www.youtube.com/watch?v=oNEgTyFtV6Y)<br>**나눔 가치사전** : 나눔에 대해 정의를 내려보고 나눔 가치사전을 만든다. | 《아름다운 가치사전》<br>A4용지, 가위<br>풀, 연필 |
| 3회 | 나눔의 정의 | **나눔연대기** : 내가 받은 나눔과 내가 준 나눔 중에 가장 큰 것을 서로 이야기하고 나눔연대기를 만들어본다. | 접착 메모지, 연필 |
| 4회 | 나눔의 종류 | **내가 나눌 수 있는 것들** : 레모나 광고(2008 나눔캠페인)를 보고 추가해서 나눔의 종류를 적는다. (www.kyungnampharm.co.kr/prcenter/gallery_tv.asp?t=5&m=3)<br>나눔의 종류를 생각해보고 색종이로 표현해본다. | 색종이, A4용지<br>가위, 풀 |
| 5회 | 나눔의 종류<br>(시간나눔) | **나눔에 필요한 시간** : 내가 1분 동안 할 수 있는 나눔에 대해 생각해보고 적는다. | A4용지, 색연필 |
| 6회 | 자존감 프로젝트 | 《뚱뚱이와 홀쭉이》《짧은 귀 토끼》《까만 아기 양》: 나눔 관련 동화를 읽어주고 나의 장점과 단점을 찾아보고 단점을 장점으로 바꾸는 방법을 생각해보고 더 나은 나를 생각해본다. | 《뚱뚱이와 홀쭉이》<br>《까만 아기 양》<br>《짧은 귀 토끼》 |
| 7회 | 나눔의 효과 | **나눔노래 부르기 '좋은 세상 만들기'** : 나눔과 관련된 노래를 배우고 같이 부른다. | 활동지, 연필 |
| 8회 | 나눔의 종류<br>(마음나눔) | **알렉스, 코인(COIN)** : '알렉스'(http://tvpot.daum.net/clip/ClipView.do?clipid=8539072)와 '코인'(http://www.youtube.com/watch?v=wGZdKQ-LdTo) 동영상을 보고 마음나눔을 할 수 있는 방법을 찾아본다. | '알렉스', '코인'<br>동영상 |

| 회차 | 주제 | 내용 | 준비물 |
|---|---|---|---|
| 9회 | 나눔의 종류 (몸나눔) | 우리가 할 수 있는 것 : 우리가 몸으로 할 수 있는 나눔을 생각해보고 종이로 만든 모형에 꾸며보고 발표해본다. | 《우리가 할 수 있는 것》 가위, 풀, 종이모형 |
| 10회 | 나눔의 효과 | 나눔 그리기 : 함께 그림을 그려보면서 소통과 협의하는 경험을 해본다. | A4용지, 색연필 |
| 11회 | 나눔의 종류 (재능나눔) | 재능나눔장터 : 재능나눔장터를 열고 서로 자신의 재능을 가르쳐주고 발표회를 해본다. | 각자 준비 |
| 12회 | 나눔의종류 (지구나눔) | 뜨거운 지구에서 살아남는 유쾌한 생활습관 77 : 지구의 문제를 해결할 수 있는 방법을 이야기해보고 발표한다. | 《뜨거운 지구에서 살아남는 유쾌한 생활습관 77》 |
| 13회 | 나눔의 정리 | 나눔토론 : 나눔을 통해 세상이 어떻게 변할지 토론해본다. | 연필 |
| 14회 | 나눔의 정리 | 나눔 수료증 : 모든 활동을 마무리하고 그동안 했던 활동들을 반성해보며 수료증을 준다. | 나눔 수료증 사진자료 |

## 나눔교육 교사교육 6차시 계획표

| 차시 | 주제 | 내용 | 준비물 |
|---|---|---|---|
| 1회 | 자존감 프로젝트 | 감자이야기<br>이름꾸미기<br>둔감력<br>강점찾기 | 감자(모둠별 1개)<br>《뚱뚱이와 홀쭉이》<br>《까만 아기 양》《짧은 귀 토끼》<br>신문, 8절지(모둠별1장) |
| 2회 | 몸 풀기 | 친구책 프로젝트<br>띠앗놀이 | 친구책 카드<br>띠앗 카드 |
| 3회 | 나눔의 정의 | 구름이 되고 싶어<br>나눔 가치사전 만들기<br>나눔연대기 | 《아름다운 가치사전》, A4용지, 가위, 풀, 접착 메모지(하트, 손바닥 모양)<br>전지 1장 |
| 4회 | 나눔의 종류 | 우리가 할 수 있는 것<br>나눔에 필요한 시간<br>나눔장터 | A4용지, 하트 스티커<br>《빨간 줄무늬 바지》<br>《아주 놀라운 생일 선물》 |
| 5회 | 나눔의 효과 | 나눔 그리기<br>소통 게임<br>나눔 글쓰기 | A4용지<br>소통 게임 준비물 |
| 6회 | 나눔의 정리 | 세상을 바꾸는 1,000원의 힘<br>기부 게임<br>기부토론<br>나눔 수료증 | 《세상을 바꾸는 1,000원의 힘》<br>A4용지, 8절지(1인당 1장)<br>나눔 머니, 나눔 수료증 |

나눔 03 교육

# 나눔교육 활용 가이드

    나눔교육 활용 가이드는 아름다운재단 나눔교육센터와 나눔교육 교사연구회 선생님들과 함께 고민하며 연구한 성과물이 많습니다. 수년간 함께 모여서 고민하고 수업에 적용해보며 서로 피드백을 해주었고, 그러면서 각자에게 맞는 분야를 개발하고 정리해왔습니다. 누구 하나의 소유물이라기보다는 공동의 공유물이라고 보는 것이 맞을 것 같습니다.

    나눔교육을 하다 보니 모든 연구내용들을 다른 선생님들과 공유해오기도 했습니다. 많은 분들이 함께 활용하는 것이 나눔을 널리 알리는 데 도움이 될 것이라 생각합니다. 부디 많은 분들이 활용하시길 바랍니다.

|나눔교육 활용 가이드·3장|

# 얼굴나눔

| 목표 | 새로 만난 친구들과 얼굴나눔을 통해 친해질 수 있다.

| 관련교과 | 도덕(바른생활)

| 나눔종류 | 얼굴나눔

| 시간 | 40분

| 준비물 | 사진기

| 진행방법 |
- 3월 2일 첫날 아이들의 얼굴 사진을 모두 찍는다.
- 찍은 사진을 동영상으로 편집해서 뮤직비디오를 만든다.
- 틈날 때마다 점심시간에 아이들과 함께 본다.

| 나눔 팁 | 사진기는 어떤 것이든 상관없다. 다만 아이들을 찍을 때 45도 각도로 위에서 찍어주는 것이 좋다. 그러면 웃는 얼굴이 잘 나온다.

# 검은툭눈금붕어

| | |
|---|---|
| 목표 | 검은툭눈금붕어 동화를 듣고 나눔이 필요한 까닭을 말할 수 있다. |
| 관련교과 | 국어, 도덕(바른생활) |
| 나눔종류 | 생각나눔 |
| 시간 | 40분 |
| 준비물 | 《산소처럼 소중한 정호승 동화집》, '검은툭눈금붕어' 활동지 |
| 진행방법 | - 검은툭눈금붕어 동화를 들려준다.<br>- 동화를 듣고 검은툭눈금붕어 활동지에 뒷이야기를 꾸며 써보게 한다.<br>- 아이들과 함께 나눔이 필요한 까닭을 이야기해본다. |
| 나눔 팁 | 검은툭눈금붕어를 한번에 다 읽어주어도 좋고 중간에 끊고 다음 이야기를 상상하게 한 다음 활동을 이어나가도 좋다. |

# 나눔 가치사전

| | |
|---|---|
| 목표 | 자기 생활에서 일어난 일들을 나눔으로 정의할 수 있다. |
| 관련교과 | 도덕, 국어, 사회 |
| 나눔종류 | 생각나눔 |
| 시간 | 40분 |
| 준비물 | 《아름다운 가치사전》, 색지 A4(1인 1장)<br>색종이(1인 1장), 풀(모둠당 1개), 연필(1인 1자루) |
| 진행방법 | - 《아름다운 가치사전》 책을 읽어준다.<br>- 나눔의 정의를 색종이에 적게 한다.<br>- 모둠별로 색지를 반으로 접는다.<br>- 나눔의 정의가 적힌 색종이를 삼각접기나 사각접기해서 색지에 붙인다.<br>- 색종이가 붙어 있는 색지를 모둠별로 돌려서 읽는다. |
| 나눔 팁 | 색종이를 많이 준비해서 각자 정의를 여러 개 쓴 뒤에 색지에 붙이면 더 많은 나눔 가치사전이 나올 수 있다. |

# 우리가 할 수 있는 것

| 목표 | 내가 몸으로 나눌 수 있는 것들을 이야기할 수 있다. |
| 관련교과 | 도덕, 국어 |
| 나눔종류 | 재능나눔, 생각나눔 |
| 시간 | 40분 |
| 준비물 | 《우리가 할 수 있는 것》, '우리가 할 수 있는 것' 활동지, 하트 스티커(1인 1~5개씩) |
| 진행방법 | - 《우리가 할 수 있는 것》 책을 읽어준다.<br>- 우리가 몸으로 할 수 있는 것을 활동지에 스티커를 붙이고 적어본다.<br>- 몸의 영역별로 발표하도록 한다.<br>- 해볼 수 있는 것은 그 자리에서 해본다. |

|나눔교육 활용 가이드 · 4장|

# 친구 얼굴 그리기

| 목표 | 친구의 얼굴을 그리면서 서로 무엇이 다른지 찾을 수 있고 누구나 비슷한 얼굴을 가지고 있다는 것을 알 수 있다.

| 관련교과 | 국어, 미술

| 나눔종류 | 마음나눔

| 시간 | 40분

| 준비물 | 8절지나 A4용지, 색연필

| 진행방법 |
- 짝끼리 활동할 수 있게 둘씩 앉게 한다.
- 1인당 8절지나 A4용지를 한 장씩 나눠준다.
- 손은 보지 않고 친구의 얼굴만 보고 그리게 한다.
- 친구를 그린 종이 뒷면에 친구의 소개를 요약해서 적는다.
- 모든 아이들 앞에서 돌아가면서 친구의 얼굴 그림을 보여주고 친구가 소개한 내용을 발표한다.

| 나눔 팁 |
- 되도록 교사가 먼저 시범을 보이면서 못 그린 그림을 보여준다.
- 그림 실력을 뽐내는 것이 아닌 친구의 얼굴을 관찰하는 데 중점을 두게 한다.

# 감자이야기

| 목표 | 비슷해 보이는 감자이지만 각각의 감자가 특징이 있고 누군가 의미와 가치를 부여해줄 때 새롭게 보이는 것처럼, 사람들은 모두 저마다 다르지만 특별하고 소중한 가치가 있음을 이해한다. |
|---|---|
| 관련교과 | 국어, 미술, 실과 |
| 나눔종류 | 마음나눔 |
| 시간 | 40분 |
| 준비물 | 감자(모둠당 1개), '나의 감자이야기' 활동지, 연필 |
| 진행방법 | - 모둠 수만큼 감자를 준비한다.<br>- 모둠에서 한 명씩 나와 감자를 하나 골라서 가져가게 한다.<br>- 각 모둠은 받은 감자의 특징을 다섯 가지 이상 생각해 종이에 적도록 한다.<br>- 모둠별로 감자의 특징을 발표한다.<br>- 감자의 특징에 맞는 이름을 짓도록 한다.<br>- 자기 감자가 살아온 특별한 이야기를 만들어보도록 한다.<br>- 모둠별로 자기 감자의 인생이야기를 발표한다.<br>- 다른 감자의 이야기도 귀담아 듣도록 한다. |

**진행방법**
- 교사가 감자를 모두 걷는다.
- 이튿날이나 일주일 뒤 모둠원 가운데 한 명이 자기 감자를 다시 찾아가보도록 한다.
- 모둠원들에게 자기 감자가 맞는지 확인해보도록 한다.
- 감자를 다 찾았으면 다음과 같은 이야기를 해준다.
 "하찮은 감자지만 여러분이 관찰하고 이야기를 꾸며주는 동안 여러분에게 의미 있는 존재가 되어 이렇게 자기 모둠의 감자를 찾을 수 있었습니다. 여러분도 누군가에게 의미 있는 존재가 되려고 노력하면 반드시 그 누군가가 여러분을 다시 찾아줄 것입니다. 여러분은 의미 없는 존재가 아니라 누군가에겐 반드시 의미 있는 존재입니다."

**나눔 팁**
- 감자는 씻지 않고 사온 그대로의 감자가 좋다.
- 울퉁불퉁하고 못생긴 감자면 더 좋다.
- 하루에서 일주일 사이에 감자의 싹이 나지 않도록 냉장보관을 하는 게 좋다.

|  | 나의 감자이야기 | 월   일 | 확인 |
|---|---|---|---|
| | (        )모둠    이름 (            ) | | |

♣ 이름 :

♣ 나이 :

♣ 태어난 곳과 사는 곳 :

♣ 하는 일 :

♣ 좋아하는 것 :

♣ 잘하는 것 :

♣ 그 밖에 소개하고 싶은 이야기

----------------------------------------------------------------

----------------------------------------------------------------

----------------------------------------------------------------

----------------------------------------------------------------

----------------------------------------------------------------

----------------------------------------------------------------

----------------------------------------------------------------

----------------------------------------------------------------

----------------------------------------------------------------

# 뚱뚱이와 홀쭉이

| | |
|---|---|
| 목표 | 나와 다른 사람이 다르다는 것을 이해할 수 있고, 그 다른 점이 나쁜 것이 아니라는 걸 다른 사람의 입을 통해 듣고 알 수 있다. |
| 관련교과 | 도덕, 국어 |
| 나눔종류 | 마음나눔 |
| 시간 | 40분 |
| 준비물 | 《뚱뚱이와 홀쭉이》, '뚱뚱이와 홀쭉이' 활동지 |
| 진행방법 | - 뚱뚱이와 홀쭉이를 읽어준다.<br>- 뚱뚱하면 좋은 점과 나쁜 점을 물어본다.<br>- 홀쭉하면 좋은 점과 나쁜 점을 물어본다.<br>- 활동지에 있는 질문들을 하고 답을 쓰게 한다.<br>- 쓴 답들을 발표하면서 토의를 하도록 유도한다.<br>- 나와 다르지만 틀리거나 나쁜 건 아니라고 설명한다. |
| 참고자료 | 《둔감력》 |
| 나눔 팁 | 뚱뚱한 것과 홀쭉한 것만 묻지 말고 키가 큰 것과 작은 것, 눈이 큰 것과 작은 것 등 여러 사례들이 드러날 수 있게 물어본다 |
| 사례 | - 뚱뚱하면 좋은 점 : 많이 먹을 수 있다. 맞아도 별로 안 아프다. 작은 아이를 보호해줄 수 있다. 스트레스를 덜 받는다.<br>- 홀쭉하면 좋은 점 : 잘 피해 다닌다. 조금 먹어도 배부르다. 점프를 잘한다. |

|나눔교육 활용 가이드 · 5장|

# 나눔 그리기

| 목표 | 친구와 함께 그림을 그리고 함께 제목을 지을 수 있다 |
| 관련교과 | 미술 |
| 나눔종류 | 생각나눔 |
| 시간 | 20~40분 |
| 준비물 | A4용지(2인 1매) |
| 진행방법 | - A4용지를 짝꿍끼리 한 장씩 나눠 가진다.<br>- 서로 번갈아가며 다른 색의 펜으로 선을 하나씩 긋는다.<br>- 서로 말을 하지 않고 선을 긋다가 어느 정도 형태가 완성되면 멈춘다.<br>- 완성된 그림에 서로 상의하여 제목을 붙인다.<br>- 그림을 그린 과정과 제목을 설명하는 시간을 가진다.<br>- 모든 팀이 발표할 수 있도록 한다.<br>- 완성된 그림을 학급에 전시한다. |
| 나눔 팁 | - 그림 그리는 도구를 다양하게 준비한다.<br>- 원이나 모양이 복잡한 도형은 그리지 않게 지도한다. |

# 베개친구

| 목표 | 친구와 함께 서로의 공간과 시간을 나눌 수 있다. |

| 관련교과 | 바른생활, 국어, 사회 |

| 나눔종류 | 시간나눔 |

| 시간 | 80분 |

| 준비물 | '베개친구' 활동지, 2,000원 미만의 선물 |

| 진행방법 |
- 학급에서 남남 여여 짝을 추첨으로 뽑는다.
- 부모님과 함께 상의하여 서로 방문 날짜를 잡는다.
- 방문 전에 친구에 대해 궁금한 질문들을 활동지에 적는다.
- 방문할 때 2,000원 미만의 선물을 한다.
- 방문하여 친구에게 궁금한 점을 질문하고 함께할 수 있는 것들을 한다.(예 : 게임, 방 소개, 식사 등)
- 10시 이전에 함께 잠자리에 든다.
- 이튿날 학교에 와서 느낀 점을 활동지에 적는다.

| 나눔 팁 |
- 친한 친구끼리 짝이 되면 다시 추첨을 한다고 미리 공지하는 것이 좋다. 친한 친구끼리 하는 것보다는 잘 모르는 친구와 함께하는 기회를 주는 까닭을 설명한다.
- 10시 이전에는 잠자리에 들 수 있도록 지도한다.
- 집에 사정이 있는 아이들은 미리 조사하여 따로 짝을 정하거나 방학 때로 기간을 미룬다.
- 상대의 집을 방문했을 때 어른들에게 예의를 갖추도록 지도한다.

# 친구책 만들기

**목표**  친구책을 만들 수 있다.

**관련교과**  도덕(바른생활), 국어, 미술

**나눔종류**  재능나눔

**시간**  40분

**준비물**  공책 1권, 친구책 독서카드(대출 카드, 자체 제작)

**진행방법**
- 아이들과 친구책 독서카드를 만들어 사진을 붙인 뒤 자기의 이름과 나누고 싶은 주제를 적게 한다.
- 친구책 독서카드 뒷면에 아이들의 이름 목록을 붙인다.
- 각자 나와서 자기를 빌려가라고 홍보한다.
- 한 달의 기간을 주고 친구책을 빌릴 수 있게 한다.
- 친구는 1회 30분 동안 빌릴 수 있다.
- 친구를 빌릴 때마다 독서기록장을 쓰고 그것을 친구책으로 만든다.

**나눔 팁**
- 고학년의 경우 친한 친구끼리 그룹 짓는 경향이 있고 이미 편견이 생긴 사람에 대한 고정관념이 강하기 때문에, 소외되는 아이가 생기지 않도록 교사가 유도해야 한다.
- 소외되는 아이들이 친구들에게 다가갈 수 있는 좋은 기회가 되도록 활용하면 좋다.

|나눔교육 활용 가이드 • 6장|

# 나눔연대기

**목표**  내가 받았던 나눔 그리고 우리 주변에 나눔을 실천하는 사람들의 이야기를 알아보고 나도 나눌 것이 있는지 생각해본다.

**관련교과**  도덕, 국어, 사회

**나눔종류**  마음나눔

**시간**  40분

**준비물**  컬러 펜, 나눔연대표(태어난 해부터 현재까지 연도가 표시되어 있고 아이들 모두의 종이를 붙일 만한 크기의 연대표), 접착 메모지(인원수대로 하트 모양과 손바닥 모양을 준비한다)

**진행방법**
- 모둠 인원수만큼의 접착 메모지(하트와 손바닥 모양)와 컬러 펜을 준비한다.
- 자신이 받은 나눔의 기억은 하트 모양에, 준 나눔의 기억은 손바닥 모양에 그리거나 적도록 한다.
- 모둠별로 준 나눔과 받은 나눔에 대해서 나누는 시간을 갖는다.
- 글을 적은 접착 메모지를 전체 연대표 연도에 맞게 붙인다.
- 연대표 중 눈에 띄는 이야기 몇 개를 모두에게 들려주도록 한다.
- 우리 주변에서 나눔을 실천하는 사람들의 이야기를 듣거나 나누는 시간을 갖는다.

**나눔 팁**  내가 생각하는 나눔, 내가 받은 나눔에 대해 생각해보고 우리 주변에 나눔을 실천한 사람들의 이야기들을 알아봄으로써 나눔에 대한 의미를 되새겨본다. 또한 돈, 시간, 재능, 힘 등 내가 가진 것 중에서도 나눌 것이 있는지 생각해본다.

# 띠앗놀이

| 목표 | 나눔을 즐겁고 흥미롭게 할 수 있다. |
| 관련교과 | 도덕, 국어, 사회 |
| 나눔종류 | 재능나눔 |
| 시간 | 4시간 |

**진행방법**

**준비(준비물 : 협의록)**

- 띠앗놀이를 안건으로 학급회의를 한다.

**시작(준비물 : 띠앗 카드)**

- 학급을 두 팀으로 나눈다.(남녀 또는 모둠별로 홀수번호 대 짝수번호)
- 학급 책상을 반으로 나눠 팀별로 앉는다.
- 한 팀은 엎드리고 한 팀은 그대로 앉아 있는다.
- 선생님은 앉은 팀의 책상에 띠앗 카드를 한 장씩 올려놓는다.(띠앗 카드에는 "당신은 띠앗의 친구입니다."(여러 장)와 "당신은 띠앗입니다."(한 장)라는 문구가 적혀 있다.)
- 책상 위의 띠앗 카드를 각자 손에 올려서 확인한다.
- 다른 팀도 똑같은 순서로 띠앗 카드를 확인한다.
- 띠앗인 아이는 표정관리를 잘해야 한다.
- 띠앗인 아이는 친구들 몰래 그날 안에 앞으로 수행할 임무(5~10개)를 선생님께 전달한다.

**진행방법**

### 전개(준비물 : 나눔신고서)

- 띠앗인 아이는 일정 기간(1~2주일)에 임무를 수행한다.
- 띠앗이 아닌 친구들은 띠앗인 아이가 들키지 않도록 자기 나름대로 나눔활동을 열심히 한다.
- 상대 팀의 띠앗을 찾기 위해 수시로 상대 팀원의 활동을 관찰한다.

### 마무리(준비물 : 저금통, 사진기, 명예의 전당 게시판)

- 활동을 모두 마친 다음에는 다시 학급 책상을 반으로 나눠 두 팀이 서로 마주보고 앉도록 한다.
- 5분 정도 시간을 주고 상대 팀의 띠앗이 누구인지 상의하게 한다.
- 상대 팀의 띠앗을 종이에 적어 제출하게 한다.
- 각 팀이 제출한 띠앗 후보를 칠판에 적는다.
- 진짜 띠앗을 발표한다.
- 맞힌 팀에겐 저금통에 자기가 가져온 100원을 기부하게 한다.
- 상대 팀이 알아맞히지 못했더라도 띠앗이 자기 임무를 제대로 수행했다면 사진을 찍어 명예의 전당에 전시한다.

**참고자료**  EBS 다큐프라임 '초등생활 보고서 3 – 나눔'

- 띠앗의 나눔활동을 관찰하면서 나눔신고서에 왕성한 신고를 한 친구에게는 나파라치 상을 준다.
- 나파라치에게 가장 많이 신고 당한 아이에게도 상을 준다.

# 지식시장

| 목표 | 나의 재능과 다른 사람의 재능을 동시에 나눌 수 있다. |
| 관련교과 | 도덕, 국어, 사회 |
| 나눔종류 | 시간나눔, 재능나눔 |
| 시간 | 40분 |
| 준비물 | 각자 자기 재능나눔에 필요한 준비물 |

**진행방법**
- 지식시장이 열리는 날을 아이들에게 알린다.
- 지식시장에 팔고 싶은 재능을 일주일 동안 신청받는다.
- 지식시장 열리는 날 자기가 팔고 싶은 재능을 앞에 나와서 간단히 소개한다.
- 소개가 끝나면 자기가 배우고 싶은 사람에게 가서 일정한 시간 동안 배운다.
- 재능을 나누는 사람도 가르치는 시간이 끝나면 다른 사람에게 가서 배울 수 있다.

**나눔 팁**
- 지식시장을 여는 시간은 한 시간이어도 좋고 두세 시간으로 길게 해도 좋다. 그날 재능을 가르치고 싶은 아이들의 수에 따라 결정한다.
- 아무도 배우려고 하지 않는 재능기부자가 있으면 선생님이 신청자를 유도한다.

# 나눔에 필요한 시간

| 목표 | 내가 나눔을 하기 위해 필요한 시간을 말할 수 있다. |
|---|---|
| 관련교과 | 도덕, 국어 |
| 나눔종류 | 시간나눔, 생각나눔 |
| 시간 | 40분 |
| 준비물 | 공익광고 '30초', 색도화지 1장 |
| 진행방법 | - 공익광고 '30초'를 보여준다.<br>- 색도화지를 나눠준다.<br>- 1분 안에 할 수 있는 나눔을 생각해본다.<br>- 색도화지에 내가 나눔을 하기 위해 필요한 시간을 숫자로 쓴다.<br>- 한 사람씩 돌아가면서 어떤 나눔을 할 수 있는지 발표한다. |
| 나눔 팁 | 모형 마이크를 준비해서 선생님이 리포터가 되어 아이들을 인터뷰하는 식으로 발표를 유도해도 좋다. |

# 장애인의 날

| 목표 | 나와 장애인이 다르지 않다는 것을 알 수 있다. |
|---|---|
| 관련교과 | 도덕, 국어, 사회 |
| 나눔종류 | 마음나눔 |
| 시간 | 30분 |
| 준비물 | 점심밥, 숟가락, 젓가락 |
| 진행방법 | - 점심시간 전에 미리 짝꿍을 제비로 뽑는다.<br>- 점심시간이 되면 짝꿍끼리 손을 잡고 식당으로 간다.<br>  (교실에서 점심을 먹는 반은 짝꿍끼리 앉도록 지도한다.)<br>- 급식을 받고 나란히 앉는다.<br>- 서로 번갈아가며 밥을 먹여준다.<br>- 다 먹으면 교실로 와서 느낀 점을 공책에 적는다. |
| 나눔 팁 | - 아이들은 장애인이 뭔가 특별하다고 생각한다. 그러므로 이런 행사를 통해 장애인도 나와 다르지 않고 조금 불편할 뿐이라는 것을 알게 해준다.<br>- 밥은 되도록 흘리지 않도록 지도한다.<br>- 되도록 동성끼리 짝꿍이 되게 한다.<br>- 장애인의 날뿐 아니라 다른 날에도 가끔 하면 좋다. |

# 재능나눔장터

| 목표 | 자신의 재능으로 남을 도울 수 있다는 것을 안다. |

| 관련교과 | 도덕, 사회 |

| 나눔종류 | 재능나눔 |

| 시간 | 1주일~1개월 |

| 준비물 | 재능 홍보판, 재능 쿠폰, 각자 준비물 |

| 진행방법 |
- 장터 시작 전에 판매자에게 100원을 받고 책상을 분양한다.
- 장터 시간에 판매자는 분양받은 책상에서 자신을 홍보한다.
- 전체 홍보시간에 각자 자신의 재능을 홍보할 시간을 준다.
- 전체 홍보시간이 끝나면 분양받은 책상에서 자신을 홍보하고 재능 쿠폰을 판매한다.
- 일주일에서 한 달 동안 재능나눔을 하고, 다음 장터에서 결과를 뽐내게 한다.

| 나눔 팁 |
- 시간을 정해서 재능을 배울 수 있게 지도한다.
- 한 사람이 쿠폰을 하나만 구입할 수 있게 한다.

|나눔교육 활용 가이드 • 7장|

# 나눔장터

| 목표 | 나눔장터를 통해 나눔을 실천할 수 있다. |
| 관련교과 | 도덕, 국어, 슬기로운 생활, 실과, 사회 |
| 나눔종류 | 경제나눔 |
| 시간 | 4시간 |

**진행방법**

**준비 (준비물 : 협의록)**

- 나눔장터를 안건으로 학급회의를 한다.
- 나눔장터 일시와 장소를 정한다.
- 나눔장터의 형태를 정한다.(학급 내, 같은 학년, 전교)
- 나눔장터의 물품 종류와 참여방법을 정한다.(어떤 물품을 팔지, 판매자와 소비자의 범위)

**시작 (준비물 : 분양권, 분양상황판, 꼬리표 양식, 광고판, 메뉴판)**

- 나눔장터에서 판매를 할 아이에게 100원을 받고 책상을 분양한다.(아동은 원하는 자리에 자신의 이름을 쓴다.)
- 집에서 물품에 물건 이름, 물품 값, 물품의 사연 등을 적은 꼬리표를 붙여오게 한다.
- 집에서 광고판, 메뉴판 등을 만들어오게 한다.

**전개** (준비물 : 나눔 머니 (현금대용))

- 나눔장터 분양 상황에 따라 책상을 재배치하고 자신의 가게를 꾸미게 한다.
- 구매할 사람은 환전소에서 나눔 머니와 현금을 교환한다.(환전소는 교사가 운영해도 좋지만 자원봉사자를 뽑는 것이 더 교육적이다.)
- 시작 시각까지는 판매와 구매 행위를 금한다.
- 시작 시각이 되면 서로 사고판다.
- 종료 시각까지 판매되지 않은 물품은 교사가 경매를 통해 판매해 준다.

**마무리** (준비물 : 기부함, 활동지)

- 종료 후 수익금의 일부나 전부를 기부함에 기부할 수 있다.
- 분양으로 생긴 수익과 기부함에 기부된 금액을 아이들이 보는 앞에서 공개한다.
- 나눔장터에서 느낀 점을 활동지에 적는다.

| 나눔 팁 | 나눔장터마다 주제를 정해 물품 종류를 다르게 해서 열면 계획적인 장터가 될 수 있다.(1회기 : 학용품, 2회기 : 책, 3회기 : 옷, 4회기 : 장난감 등)

# 1,000원의 기적

| 목표 | 1,000원으로 할 수 있는 나눔을 알아본다. |
| --- | --- |
| 관련교과 | 도덕, 사회, 수학 |
| 나눔종류 | 경제나눔 |
| 시간 | 40분 |
| 준비물 | 《세상을 바꾸는 돈의 사용법》, 모둠 활동지 |
| 진행방법 | — 모둠 대형으로 앉는다.<br>— 《세상을 바꾸는 돈의 사용법》에 나온, 1,000원으로 할 수 있는 나눔을 알아본다.<br>— 책에 나온 것 외에 할 수 있는 나눔을 모둠끼리 토의해서 알아본다.<br>— 토의한 결과를 활동지에 적는다.<br>— 활동지에 적은 내용을 발표한다. |
| 참고자료 | 지식채널 e '돈' |
| 나눔 팁 | 되도록이면 생활과 관련된 방법을 찾도록 예를 많이 들어준다. |

# 기부 게임

**목표**  아이들에게 기부와 모금의 경험을 게임을 통해 경험하도록 함으로써 실제 기부와 모금에서 중요한 점들을 깨닫도록 한다.

**관련교과**  미술

**나눔종류**  경제나눔

**시간**  40분

**준비물**  모형 돈(100원, 50원짜리), 연필, 기부 카드

**진행방법**
- 아이들에게 모형 돈 1,000원어치와 기부 카드를 나눠준다.
- 모두 자신이 돕고 싶은 하나의 대상 혹은 단체를 생각하고 그 단체를 카드 위에 적도록 한다.
- 아이들은 각자 받은 1,000원의 모형 돈을 게임이 끝나기 전까지 모두 기부해야 한다.(기부자 역할)
- 자신이 정한 대상이나 단체를 위해 모금해야 한다.(모금가 역할)
- 게임이 장난스럽게 진행되지 않도록 한다.
- 아이들이 돌아다니며 서로 일 대 일 기부와 모금활동을 하도록 한다.
- 모금 결과를 이야기해보고 느낀 점을 이야기해본다.

**나눔 팁**  아이들이 결과에 집착하거나 경쟁하는 분위기가 되지 않도록 유도한다.

|나눔교육 활용 가이드 • 8장|

# 나눔이 좋은 10가지 이유

| 목표 | 나눔교육 활동 내용을 신문으로 만들 수 있다.
| 관련교과 | 도덕, 국어, 사회
| 나눔종류 | 생각나눔
| 시간 | 40분
| 준비물 | 2절 도화지(모둠당 1장), 다양한 필기구, 색종이 등
| 진행방법 | - 모둠별로 도화지 한 장씩을 나눠준다.
- 지금까지 해온 나눔교육을 통해 나눔이 좋은 이유에 대해 생각하고 친구들과 공유한다.
- 모둠에서 '나누면 좋은 이유 10가지' 목록을 만들어본다.
- 결과물을 벽에 전시한다.

| 나눔 팁 | - 여러 장을 만들어 교장선생님과 다른 반에도 전달해서 나눔의 모습을 자랑한다.
- 기사들을 모아 컴퓨터로 편집해서 출력하는 방법도 있다.

# 나눔상 주기

| 목표 | 친구들에게 나눔상을 줄 수 있다. |
| 관련교과 | 도덕, 국어 |
| 나눔종류 | 마음나눔 |
| 시간 | 40분 |
| 준비물 | 나눔상장 양식, 연필 |

**진행방법**
- 나눔상장 양식을 모두에게 나눠준다.
- 친구들의 이름이 적힌 쪽지를 뽑는다.
- 뽑힌 친구에게 그동안 보았던 나눔의 모습을 칭찬하는 글을 쓴다.
- 한 사람씩 나와서 나눔상장을 수여한다.

**나눔 팁**
선생님이 먼저 한 명에게 수여하고 릴레이식으로 수여할 수 있도록 지도한다.

## 아름다운 나눔 어린이상

○○○어린이
학교    학년

위 어린이는 나눔을 실천하는 공부를
열심히 하였기에 이 상장을 드립니다.
앞으로 이웃을 사랑하고 나눔을 몸과 마음으로
실천하는 훌륭한 어린이가 되기를 바랍니다.

년    월    일
친구  ○○○가

## 나눔교육에 도움이 될 만한 책

### 그림책 • 동화

개구리네 한솥밥 (백석 지음, 보림 외)
까막눈 삼디기 (원유순 • 이현미 그림, 웅진주니어)
까만 네리노 (헬가 갈러 지음, 북뱅크)
까만 아기 양 (엘리자베스 쇼 지음, 푸른그림책)
나누면 행복해요 (엘렌 사빈 지음, 문학동네어린이)
나눔 대장 (고정욱 지음, 북스토리아이)
내 귀는 짝짝이 (히도 반 헤네흐텐 지음, 웅진주니어)
내 짝꿍 최영대 (채인선 글 • 정순희 그림, 재미마주)
내 친구 이크발 (정회성 글 • 노희성 그림, 영림카디널)
내 친구 지구를 지켜 줘! (토드 파 지음, 고래이야기)
내 탓이 아니야 (레이프 크리스티안손 글 • 딕 스텐베리 그림, 고래이야기)
내가 라면을 먹을 때 (하세가와 요시후미 지음)
내겐 드레스 백 벌이 있어 (엘레노어 에스테스 글 • 루이스 슬로보드킨 그림, 비룡소)
눈을 감고 느끼는 색깔여행 (메네나 코틴 글 • 로사나 파리아 그림, 고래이야기)
단추 수프 (오브리 데이비스 지음, 국민서관)
뚱뚱이와 홀쭉이 (파트리시아 베르비 지음, 한솔교육)
레모네이드 천사 (김은혜/박정희 글 • 유기훈 그림, 토토북)
붕어빵 한 개 (김향이 글 • 남은미 그림, 푸른숲주니어)
빨간 줄무늬 바지 (채인선 글 • 이진아 그림, 보림)
산소처럼 소중한 정호승 동화집 1 (정호승 글 • 진정현 그림, 파랑새어린이)
세상에서 가장 아름다운 나눔 (최영선 글 • 이민선 그림, 계림닷컴)
심술도깨비 이히체크 (두니시스카 지음, 예림당)
아주 놀라운 생일 선물 (마르타 아스코나 글 • 로사 오수나 그림, 고래이야기)

어린이를 위한 나눔 (양태석 글·최정인 그림, 위즈덤하우스)
여섯 마리 까마귀 (레오 리오니 지음, 마루벌)
영이의 비닐우산 (윤동재 글·김재홍 그림, 창비)
왜 나누어야 하나요? (클레어 레웰린 글·마이크 고든 그림, 함께읽는책)
왜 도와야 하나요? (클레어 레웰린 글·마이크 고든 그림, 함께읽는책)
우리 얘길 들려줄게! (시벨라 월크스 지음, 디딤돌)
우리가 할 수 있는 것 (레이프 크리스티안손 글·딕 스텐베리 그림, 고래이야기)
으뜸 헤엄이 (레오 리오니 지음, 마루벌)
적 (다비드 칼리 글·세르주 블로흐 그림, 문학동네)
중요한 사실 (마거릿 와이즈 브라운 글·최재은 그림, 보림)
지하정원 (조선경 지음, 보림)
짧은 귀 토끼 (다원시 글·탕탕 그림, 고래이야기)
짱뚱아 까치밥은 남겨 둬 (오진희 글·신영식 그림, 파랑새어린이)
친구를 모두 잃어버리는 방법 (낸시 칼슨 지음, 보물창고)
쿠키 한 입의 인생 수업 (에이미 크루즈 로젠탈 글·제인 다이어 그림, 책읽는곰)
투발루에게 수영을 가르칠 걸 그랬어! (유다정 글·박재현 그림, 미래아이)
파랑이와 노랑이 (레오 리오니 지음, 물구나무)
풍풍이와 툴툴이 (조성자 지음, 시공주니어)

# 아동 인문·사회

나는 아이로서 누릴 권리가 있어요 (알랭 세레 글·오렐리아 프롱티 그림, 고래이야기)
당신에게 가장 소중한 것은 무엇인가요? (야마모토 토시하루 지음, 넥서스주니어)
세계가 만일 100명의 마을이라면 (이케다 가요코 지음, 국일미디어)
숲으로 (호시노 미치오 지음, 진선북스)
아름다운 가치 사전 (채인선 글·김은정 그림, 한울림어린이)
아름다운 위인전 (고진숙 지음, 한겨레아이들)
어린이가 꼭 알아야 할 환경 이야기 (프랑수와 미셸 지음, 영교출판)
어린이를 위한 배려 (한상복 지음, 전지은 글·김성신 그림, 위즈덤하우스)
어린이를 위한 불편한 진실 (앨 고어 지음, 주니어중앙)
우리가 사는 세상은 (샐리 스미스 글·밴 부즈 그림, 달리)
최열 아저씨의 지구촌 환경 이야기 1, 2 (최열 글·노희성 그림, 청년사)

## 인문 • 사회

8살 이전의 자존감이 평생 행복을 결정한다 (토니 험프리스 지음, 팝콘북스)
To do-일상을 뒤집는 100가지 짜릿한 상상 (마이클 오그던•크리스 데이 지음, 한겨레출판)
Who am I?-나는 내가 만든다 (정창현 외 지음, 사계절)
가난한 사람들을 위한 은행가 (무하마드 유누스•알란 졸리스 지음, 세상사람들의책)
꼴찌도 행복한 교실 (박성숙 지음, 21세기북스)
독일 교육 이야기 (박성숙 지음, 21세기북스)
과자, 내 아이를 해치는 달콤한 유혹 1, 2 (안병수 지음, 국일미디어)
광고천재 이제석 (이제석 지음, 학고재)
굿 머니, 착한 돈은 세상을 어떻게 바꾸는가? (다나카 유 외 지음, 착한책가게)
긍정심리학 (마틴 셀리그만 지음, 물푸레)
나는 런던에서 사람 책을 읽는다 (김수정 지음, 달)
나중에 온 이 사람에게도 (존 러스킨 지음, 아인북스)
더 높이 튀어오르는 공처럼 (존 니콜슨 지음, 오푸스)
둔감력 (와타나베 준이치 지음, 형설라이프)
뜨거운 지구에서 살아남는 유쾌한 생활습관 77 (데이비드 드 로스차일드 지음, 추수밭)
보이지 않는 사람들 (박영희 지음, 우리교육)
부자들이 지구를 어떻게 망쳤나 (에르베 캄프 지음, 에코리브르)
불편한 진실 (앨 고어 지음, 좋은생각)
빈곤에 맞서다 (유아사 마코토 지음, 검둥소)
사랑받을 권리 (일레인 N. 아론 지음, 웅진지식하우스)
성공의 새로운 심리학 (캐롤 드웩 지음, 부글북스)
세계를 잇는 250원의 행복한 식탁 (고구레 마사히사 지음, 에이지21)
세계에서 빈곤을 없애는 30가지 방법 (다나카 유 외 지음, 알마)
세상을 바꾸는 돈의 사용법 (야마모토 료이치 지음, 미래의 창)
소외된 90%를 위한 디자인 (스미소니언연구소 지음, 에딧더월드)
아이는 기다려주지 않는다 (요한 크리스토프 아놀드 지음, 양철북)
아이의 10년 후를 결정하는 강점 혁명 (제니퍼 폭스 지음, 미래인)
오늘은 내 남은 생의 첫날 (도종환 외 지음, 케이디북스)
완벽의 추구 (탈 벤 샤하르 지음, 위즈덤하우스)
위키노믹스 (돈 탭스코트 | 앤서니 윌리엄스 지음, 21세기북스)
친구가 되어 주실래요? (이태석 지음, 생활성서사)
해피어 (탈 벤 샤하르 지음, 위즈덤하우스)
희망의 인문학 (얼 쇼리스 지음, 이매진)

자아존중감과 소통의 리더십을 키워주는 나눔교육 이야기

# 아름다운 나눔수업

© 전성실, 2012

**초판1쇄 발행** 2012년 7월 30일　**초판8쇄 발행** 2017년 11월 20일

**지은이** 전성실　**펴낸이** 전광철　**펴낸곳** 협동조합 착한책가게
**주소** 서울시 은평구 통일로 684 1동 3C033
**등록** 제2015-000038호(2015년 1월 30일)
**전화** 02) 322-3238　**팩스** 02) 6499-8485
**이메일** bonaliber@gmail.com
**ISBN** 978-89-963569-2-9　03370

\* 잘못된 책은 바꾸어 드립니다.
\* 책값은 뒤표지에 있습니다.